Guy Kawasaki · Michele Moreno

Gesetze für Revolutionäre

Guy Kawasaki
Michele Moreno

Gesetze für Revolutionäre

Das kapitalistische Manifest für die neuen Spielregeln im Markt

Econ

Titel der amerikanischen Originalausgabe:
RULES FOR REVOLUTIONARIES
Übersetzt aus dem Amerikanischen
von Astrid Bangert
Originalverlag: Harper Business, New York

Published by arrangement with
Harper Collins Publishers, Inc.

Der Econ Verlag
ist ein Unternehmen der Econ & List Verlagsgruppe

ISBN 3-430-15272-0

Lektorat: Christina Seitz/Astrid Kanders
Gesetzt aus der Bookman und Helvetica
Satz: Josefine Urban – KompetenzCenter, Düsseldorf
Papier: Papierfabrik Schleipen GmbH, Bad Dürkheim
Druck und Bindearbeiten: Bercker Graphischer Betrieb GmbH, Kevelaer

Für meine Mutter und
meinen Vater,
weil sie mir beigebracht haben
zu denken, zu handeln und
mich zu widersetzen.

Erschaffen wie ein Gott.
Herrschen wie ein König.
Arbeiten wie ein Sklave.
Brancusi

Inhalt

Die Internet Mailing-List für *Regeln für Revolutionäre* ist als offenes Diskussionsforum für die in diesem Buch vorgestellten Ideen gedacht.

Falls Sie in die Mailing-List aufgenommen werden möchten, senden Sie bitte eine Nachricht an:

<requests@macway.com>

Der zugehörige Betreff lautet »subscribe rfr«.

Danksagung

Hinter jedem erfolgreichen Autor steht ein erstaunter Agent.
Guy Kawasaki

Das Bild eines in einsamer Zurückgezogenheit arbeitenden Schriftstellers, der sich voller Inspiration und Leidenschaft seinem Werk widmet, mag auf manche Menschen zutreffen – auf mich jedoch bestimmt nicht. Ich brauche ein Team, das meine Schwächen ausgleicht. Lernen Sie nun das Team von *Gesetze für Revolutionäre* kennen:

Visionäre. Bill Meade und John Michel. In der gesamten Geschichte des gedruckten Wortes hat kein Autor eine bessere Beratung erhalten als ich von Bill und John. Falls Ihnen gewisse Passagen oder Aussagen in diesem Buch nicht gefallen, dann wahrscheinlich deshalb, weil ich nicht auf die beiden hören wollte.

Beta-Tester. Geoff Baum, Dave Brady, Julie Livingston, Steven Long, Russell Roberts, Charles Schrey und Bobbi Silten. Sie hätten den haarsträubenden Unsinn (sprich die Entwürfe) sehen sollen, den meine Beta-Tester lesen mußten. Sie sehen die Qualität der Änderungen, die sie vorgeschlagen haben.

Quellen. Michele Moreno ist ein Traum von einer wissenschaftlichen Assistentin. Sie weiß, was ich meine, wenn ich nicht weiß, was ich meine, und sie kann auch die bruchstückhaftesten Ideen optimal ausgestalten. Auch Suzanne C. Anthony, Nina Barclay, Holly Camerota, Jodi Granston, Chris O' Leary (The Cyberdigm Group), Amy Stuhlberg, Carey Tews, Jon Winokur und die 600 Mitglieder der Mailing-List für *Gesetze für Revolutionäre* ließen mir eine phantastische Unterstützung zuteil werden. Die vielen anschaulichen Beispiele in diesem Buch sind der Hilfe dieser reizenden Spatzen zu verdanken, die verdaut haben wie Elefanten.

Evangelisten. Jack Covert und Sebastian Ritscher. Jack, mein wichtigster Mann in Milwaukee, ebnete mir bei HarperCollins den Weg, während Sebastian mir das Tor zu Europa öffnete. *Domo arigato,* Jungs.

HarperCollins. Lisa Berkowitz, Adrian Zackheim und Amy Lambo. Meine Mutter hat mir beigebracht, mich bei Menschen zu bedanken, die ihre Glaubwürdigkeit (und ihr Geld) für mich riskieren. Lisa und Adrian, ich danke euch. Lisa ist übrigens der einzige Mensch, der »Love« zu mir sagen darf und ungeschoren davonkommt. Vielen Dank auch an John Day, Patricia Wolf und das tolle Produktionsteam, das meine unzulänglichen Ausführungen in ein Buch verwandelt hat.

Andere wichtige Personen. Brother Steve Corrick hat mir geholfen, dem Kind einen Namen zu geben. Ohne ihn trüge das Buch nun folgenden Titel: *Wie man mit Dummköpfen umgeht, ohne angesteckt zu werden* oder *Nur Technikfreaks überleben.* Zu guter Letzt ist da noch Sloan Harris, mein Literaturagent bei International Creative Management. Um ehrlich zu sein, hat es mich überrascht, daß er (und ICM) sich für einen Trottel wie mich interessierten. Ich danke Gott dafür, daß er es getan hat, sonst müßte ich mein Buch jetzt selbst veröffentlichen. Bringe die Verleger weiterhin zum Weinen, Sloan Baby, denn wenn sie Tränen vergießen, werden wir reich.

Vorwort

Ein Hoch auf die Verrückten, Außenseiter, Rebellen, Unruhestifter und Querköpfe – auf die Menschen, die die Dinge anders sehen! Sie pfeifen auf die Vorschriften, und sie haben keinen Respekt vor dem Status quo. Man kann sie zitieren, ihnen widersprechen, sie verherrlichen oder verleumden. Nur ignorieren kann man sie nicht, denn sie verändern die Welt und treiben die Menschheit voran. Während einige sie für verrückt halten, betrachten wir sie als Genies. Denn Menschen, die verrückt genug sind zu glauben, daß sie die Welt verändern können, werden es eines Tages tun.

Werbung von Apple Computer[1], 27. 9. 1997

1 <http://www.apple.com/>

Sie fragen sich vielleicht zu Recht, wie jemand (ich), der durch seinen fanatischen Einsatz für ein in Bedrängnis geratenes revolutionäres Unternehmen (Apple Computer) traurige Berühmtheit erlangt hat, ein Buch über die Verwirklichung erfolgreicher Revolutionen schreiben kann.

Kurze Antwort: Chuzpe.

Lange Antwort: Die bestmöglichen Referenzen für den Autor dieses Buches sind die Narben, die er aus seinem Kampf gegen den Widerstand gegen Veränderungen davongetragen hat.

Ich habe ziemlich viele Narben, da ich bereits in zwei Revolutionen mitgekämpft habe: Macintosh und das Internet. Jetzt möchte ich mein Wissen und meine Maus an die nächste Generation von Revolutionären weitergeben. Dies ist das Buch, das ich zu Beginn meiner Karriere gerne gelesen hätte.

Ebenso wie Gallien[2] ist auch *Gesetze für Revolutionäre* in drei Teile aufgegliedert:

Erschaffen wie ein Gott. Dieser Teil erläutert, wie revolutionäre Produkte und Dienste geschaffen werden. Dabei wird in drei Kapiteln – jedes trägt einen gestohlenen Titel – erklärt, welche Maßnahmen dazu erforderlich sind: Cogita Differenter (»Think different«, das Motto von Apple Computer); Don't Worry, Be Mies (in Anlehnung an Bobby McFerrins Lied *Don't Worry, Be Happy*) und Lern, Baby Lern (nach »Burn, baby, burn!«, dem Motto der amerikanischen Schwarzenorganisation Black Panthers).

2 »Gallia est omnis divisa en partes tres.« De Bello Gallico I, Julius Caesar

Herrschen wie ein König. Wenn eine Revolution Erfolg haben soll, muß jemand das Kommando übernehmen und schwierige, weitsichtige und strategische Entscheidungen treffen. Die Kapitel »Reißen Sie Barrieren nieder«, »Fördern Sie Evangelisten, nicht den Absatz« und »Vermeiden Sie Todesmagneten« (das sind die dummen Fehler, die wir fast alle machen) erläutern, welchen Anforderungen derlei Entscheidungen gerecht werden müssen.

Arbeiten wie ein Sklave. Erfolgreiche Revolutionen sind das Produkt harter Arbeit. In diesem Teil lernen Sie die drei wichtigsten Komponenten dieser Arbeit kennen: »Essen wie ein Spatz, verdauen wie ein Elefant« (vertrauen Sie mir, das wird Sinn machen), »Digital denken, analog handeln« und »Verlangen Sie von anderen nichts, was Sie nicht selbst tun würden« (das sollte bereits Sinn machen).

Es gibt für einen Autor keine schönere Bestätigung als zu sehen, wie Menschen mit Hilfe seines Buches die Welt zu einem besseren Ort machen. Mögen Sie die Kreativität, den Mut und das Verantwortungsbewußtsein besitzen, um die Welt zum Wohle unserer Kinder zu verändern. Und mögen Sie in revolutionären, nicht nur in interessanten Zeiten leben.

Guy Kawasaki
Atherton, Kalifornien

Teil I Erschaffen wie ein Gott

Herrschen wie ein König

Arbeiten wie ein Sklave

Kapitel 1: Cogita Differenter (»Think Different«)[1]

Ich glaube, in all den Jahren habe ich öfter als alles andere den folgenden Satz gehört: In einer Stadt mit weniger als 50 000 Einwohnern kann sich ein Discounter nicht lange halten.
Sam Walton

Hai gegen Maus

Seit 1955 bestimmt die Walt Disney Company[3] die Regeln der Vergnügungsparkbranche, denn in jenem Jahr eröffnete die Company ihr Disneyland und setzte Standards für effektvolle Darbietung, Effizienz und Profitabilität. Vor der Eröffnung von Disneyland hatte immer der Grundsatz gegolten, daß ein Vergnügungspark eine riesige, schreckenerregende Achterbahn braucht, damit die Kassen klingeln. Disneyland schrieb die Gesetze neu, indem es den bloßen Nervenkitzel durch Themen ersetzte.

In den darauffolgenden 30 Jahren tanzten die Betreiber von Vergnügungsparks entweder nach Disneys Pfeife, oder sie spielten eine unwichtige Nebenrolle. Und indem sie nach Disneys Pfeife tanzten, verstärkten sie die Vormachtstellung des Unternehmens. Doch dann kam Jay Stein. Jay Stein leitete MCA Recreation,[4] das Unternehmen, dem die Universal Studios gehören. Dieses Studio organisiert die gefürchtetste Touristenattraktion von Los Angeles: die Universal Studios Tour. (Wie oft sollte ein Mensch die Teilung des Roten Meeres ertragen müssen?)

Universal Studios rangierte bis dato in der Vergnügungsparkbranche unter ferner liefen, weil es sein Programm ausschließlich aus dem Hauptgeschäft des Studios, der Filmproduktion, bezog. Das Unternehmen befolgte einen einfachen, dummen Grundsatz: Man setze möglichst viele Menschen in eine Bahn, fahre sie »hinter die Kulissen« eines Kinofilms, lade sie dort ab und hoffe, daß sie anschließend einen Sack voller Souvenirs kaufen.

---

3 <http://www.disney.com/>
4 <http://www.mca.com/>

Aber als MCA die Universal Studios Florida aufbaute, hatte Stein ganz andere Vorstellungen, wie er das Projekt verwirklicht sehen wollte. Zuerst warf er die üblichen Vorgehensweisen seines Unternehmens über Bord. Statt den Besuchern anzubieten, sich die Entstehung von Kinofilmen anzusehen, lautete das Motto nun »Erleben Sie den Film«. »Zurück zur Zukunft« (der Film) wurde »Zurück zur Zukunft« (die Tour). Wo können Sie sonst als DeLorean verkleidet in einer Zeitmaschine reisen? Stein kombinierte Thema und Nervenkitzel, um die Gesetze von Universal umzuschreiben.

Doch es kommt noch besser.

Im nächsten Schritt griff Stein die von Disney geschaffenen, branchenweit akzeptierten Grundsätze an: Sei freundlich, höflich und politisch korrekt. Zu den modernsten Fahrten von Disneyland zählen Attraktionen wie das *Haunted Mansion* oder die *Pirates of the Caribbean.* Es handelt sich bei diesen Erlebnisangeboten zwar um wahre Kunstwerke, die wesentlich »multimedialer« sind als die vielgepriesenen Multimedia-Bemühungen der Computerbranche – als gewagt kann man sie jedoch nicht gerade bezeichnen.[5]

Stein beschloß, keine hübschen und reizenden Touren zu offerieren, sondern seine Besucher gehörig in Angst und Schrecken zu versetzen. In den Universal Studios Florida kann man sich vor Blut, Eingeweiden, Flammen und Explosionen kaum retten. Tag für Tag beschweren sich Touristen über zu heiße Feuerblitze. Bei der Tour zum *Weißen Hai* kommt der Hai so nah an das Boot heran, daß er einem unvorsichtigen Besucher den Arm bre-

5 1996 entschieden leitende Angestellte von Disneyland sogar, daß die Piraten von *Pirates of the Caribbean* den Mädchen wegen ihrer Obstkörbe – nicht aufgrund fleischlicher Gelüste – nachjagen sollten. Nach einer sehr langen Zeit auf hoher See sind solche Reaktionen wohl vorstellbar.

chen könnte. Das Spektakel lockt jeden Tag aufs neue Tausende von abenteuerlustigen Gästen an, die immer noch mehr sehen und erleben wollen.
Disney ist nicht in der Lage, sich gegen einen solchen Frontalangriff zu wehren, weil es in seinen eigenen Standards von jugendfreier, lustiger, doch wenig spannender Unterhaltung und in dem entsprechenden Image gefangen ist. Stein arbeitete mit der Technik des *Aikido*-Marketings:[6] Er nutzte Disneys Stärken, um diese in Schwächen umzuwandeln. Falls Disney versuchen würde, seine Attraktionen aufregender zu gestalten, würde es sein Kernpublikum verlieren und sein Image verwischen.[2]

Der revolutionäre Denkprozeß

Stein tat, was alle Revolutionäre tun – er dachte anders, um die Spielregeln zu ändern. Wer die Spielregeln nicht ändert, ist per definitionem kein Revolutionär, und wer nicht anders denkt, wird die Spielregeln nicht ändern.

Übung

Angenommen, Sie wollen die Spielregeln der Trickfilmbranche ändern. Wie würden Sie vorgehen?

---

6 Beim *Aikido*-Marketing richten Sie die Kraft des Angreifers gegen ihn selbst, anstatt roher Gewalt mit roher Gewalt zu begegnen. Der Name stammt von der japanischen Kampfart Aikido, bei der die Kraft, das Gewicht und die Bewegung des Angreifers zur Verteidigung genutzt werden.

Wie gelangen Revolutionäre zu den Erkenntnissen, durch die sie sich von der Masse abheben?
Wie landläufig angenommen wird, kommen Menschen auf revolutionäre Ideen, wenn sie sich eine Weile lang eingehend mit einer Situation, einer Voraussetzung oder einem Problem befassen. Einer neueren und populäreren Auffassung nach stellen sich bahnbrechende Erkenntnisse dann ein, wenn man von einem Sitzsack aus seine Kollegen mit einer Wasserpistole beschießt.
Derlei Beobachtungen sind jedoch banal und nicht sehr hilfreich, weil sich revolutionäre Ideen nicht einfach durch langwierige Überlegungen (oder Schießübungen mit der Wasserpistole) hervorlocken lassen. Entscheidend ist, *wie* Sie über ein Problem nachdenken. Tatsächlich setzt sich der revolutionäre Denkprozeß aus drei Schlüsselphasen zusammen.

Phase 1: Entschlackung

Der erste Schritt besteht aus einer gründlichen »Entschlackung«: Entledigen Sie sich alter Vorurteile, Verfahren und Voraussetzungen, die Ihr Denken vernebeln und Ihren Horizont begrenzen. Vielleicht hat die Evolution den Menschen darauf programmiert, nach Stabilität und Sicherheit zu suchen – Revolutionen erfordern jedoch die Mißachtung des Status quo.

Werfen Sie Ihre Leitbilder über Bord

Sir Francis Bacon ärgerte sich oft darüber, daß seine Zeitgenossen an bestehenden Vorstellungen festhielten. Er nannte diese Vorstellungen »Idole des Stammes, der Höhle, des Marktes und des Theaters«. Die Idole des Stammes repräsentieren die anthropologische Begrenztheit des Menschen, die Idole der Höhle stehen für die individuellen Vorurteile, die Idole des Marktes sind die kollektiven Täuschungen, mit denen wir objektiv falschen, aber von der Gruppe getragenen Einschätzungen anhängen, und die Idole des Theaters repräsentieren die Begrenzung durch ideologisches Denken.[3]

Generell entstehen Leitbilder aus gutem Grund. Die Erfahrung lehrt uns, auf welche Weise wir verhängnisvolle und dumme Fehler vermeiden können. Der Erfolg prägt jedoch Gewohnheiten; er schafft Regeln und fördert Gemeinschaften, die diese Regeln befolgen. Nach einer gewissen Zeit sind die Vorschriften vielleicht nicht mehr optimal oder sogar gänzlich ungeeignet, da sich der Markt gewandelt hat. Oder der Erfolg eines Menschen beruht schlicht und einfach auf Glück, und die Regeln hätten von vornherein niemals aufgestellt werden dürfen.

Um Ihnen zu helfen, die Idole oder Leitbilder zu identifizieren, die Ihnen, Ihrem Unternehmen oder Ihrer Branche zusetzen, folgen nun einige Beispiele für unsägliche, jedoch allgemein anerkannte Geschäftspraktiken:

- **»Vertriebs«-Idol:** »Wir verkaufen über Händler. Wir verkaufen nicht direkt an den Kunden.«
- **»Mitarbeiter«-Idol:** »Auf Mitarbeiter ist kein Verlaß. Wir müssen ihre Leistung pausenlos kontrollieren und ihnen Druck machen, wenn sie nicht spuren.«
- **»Marktanteil«-Idol:** »Marktanteile schaffen Rentabilität, laßt uns also die Preise senken, um den Marktanteil zu erhöhen.«
- **»Konkurrenz«-Idol:** »Wir können nicht mit der Firma X zusammenarbeiten, weil wir mit der Firma X konkurrieren.«

Hinter dem Begriff »Null-Basis-Budgetierung« verbirgt sich ein Verfahren, gemäß dem jede Ausgabe von der ersten Mark an hinterfragt wird – die Vorjahresbudgets bleiben dabei völlig unberücksichtigt. Die Verehrung von »Null-Basis-Idolen« bezeichnet entsprechend ein Verfahren, das sämtliche Geschäftspraktiken hinterfragt und die entschiedene Abkehr von jenen Vorgehensweisen ermöglicht, die sich für die aktuelle Situation nicht mehr eignen. Sie können gar nicht zu viele Praktiken ausrangieren, seien Sie also schonungslos!

Übung

Stellen Sie eine Liste der Leitbilder zusammen, die in Ihrem Unternehmen verehrt werden. Prüfen Sie diese Leitbilder anhand der folgenden Fragen:

- ***Aus welchem Grund wurde dieses Verfahren eingeführt?***
- ***Ist es noch relevant?***
- ***Am wichtigsten: Wird das Verfahren in Zukunft relevant sein?***

Die Einführung des japanischen Hochgeschwindigkeitszugs veranschaulicht, wie Leitbilder analysiert und ausrangiert werden können. In Japan sollte ein Transportsystem geschaffen werden, das die Reisezeiten zwischen den Städten drastisch verringerte. Welchen Leitbildern könnte ein Eisenbahnkonstrukteur huldigen?

Altes Leitbild	Neue Denkweise
Ein Triebwagen zieht den ganzen Zug.	Jeder Wagen erhält einen Motor.
Der Zug braucht eine größere, stärkere Lok, um schneller zu fahren.	Die Gesamtsumme aller Motoren ergibt eine größere Triebkraft.
Die Gleise sollten sich den bestehenden Geländeformen anpassen.	Das Gelände wird geebnet, um die Anforderungen zu erfüllen.

Die Konstrukteure des Superexpreß empfanden nicht zuviel Ehrfurcht vor alten Idolen. Das Konzept eines Zugs wurde radikal geändert: Jeder Wagen wurde mit einem Elektromotor ausgestattet, und die Gleise wurden in gerader Linie verlegt, selbst wenn dafür Berge versetzt werden mußten. Im Endeffekt verkürzte der revolutionäre Superexpreß die Reisezeit von Osaka nach Tokio von 62 Stunden auf 3 Stunden und 10 Minuten.[4]

Ändern Sie den Rahmen

»Wie ich dich liebe? Laß mich zählen wie.«
Elizabeth Barrett Browning

Die Formulierung einer Frage hat großen Einfluß auf das Spektrum der möglichen Antworten. Massimo Piattelli-Palmarini, Forscher am MIT, erklärt dazu: »Wir ändern selten spontan die Formulierung eines Problems, das uns einleuchtend, klar und vollständig präsentiert wird.«[5] Piattelli-Palmarini bezeichnet dies als »Rahmungseffekt« (framing effect), weil Menschen stets versuchen, ein Pro-

blem so zu lösen, wie es ihnen dargestellt wird. Stellen Sie sich z. B. den Rahmungseffekt der folgenden Frage vor: »Was müssen wir tun, damit die Besucher unserer Buchhandlungen mehr Bücher kaufen?« Diese Frage gibt stillschweigend den entscheidenden Rahmen vor, daß Kunden eine physisch existierende Buchhandlung besuchen müssen, um ein Buch zu bekommen.
Ein Revolutionär weigert sich einfach, Probleme so zu lösen, wie sie ihm präsentiert werden:

- Betrachten Sie das Problem in dem weitestmöglichen Zusammenhang.
- Beginnen Sie am Ziel (höherer Umsatz) und arbeiten Sie sich zum Anfang zurück.[6] (Diese Technik wird im nächsten Kapitel näher erläutert.)
- Gehen Sie von der offenkundigen Lösung aus – und tun Sie genau das Gegenteil.

Amazon.com[7] weigerte sich, den Rahmen anzuerkennen, daß eine Buchhandlung physisch präsent sein muß. Statt dessen änderte das Unternehmen die Spielregeln des Buchhandels. Bei Amazon.com können Kunden sich aus 2,5 Millionen Titeln das passende Buch heraussuchen und auf Amazons Web Site elektronisch bestellen. Amazon.com betreibt keine Buchläden und sorgte bis 1998 als einziges Unternehmen dafür, daß der Ausdruck »Internet-Commerce« kein Oxymoron darstellte.

---

7 <http://www.amazon.com/>

Gerahmt	**Ungerahmt**
Physische Präsenz: größere Buchhandlung, mehr Bücher, mehr Umsatz.	Cyber-Präsenz: keine Buchhandlung, mehr Bücher, mehr Umsatz.
Blättern Sie durch ein Buch, lesen Sie den Umschlag- und Klappentext, und entscheiden Sie selbst.	Lesen Sie die Buchbesprechungen und Kritiken, die von anderen Lesern oder dem Autor ins Internet gestellt wurden.
Warten Sie vier bis acht Wochen auf ein Buch, das beim Verlag bestellt werden muß.	Drei- bis fünftägige Lieferfristen bei fast allen Bestellungen.
Kaufen Sie spontan, weil Sie zufällig ein bestimmtes Buch herausgegriffen haben.	Kaufen Sie spontan, weil Sie auf einer Webseite einen Bericht über das Buch gelesen haben.
Wählen Sie aus einer begrenzten Anzahl von Büchern aus, die zu einem bestimmten Thema im Regal stehen.	Lassen Sie einen Computer unter Millionen von Büchern nach verwandten Titeln suchen.

Interessanterweise hat sich Amazon.com allerdings von der Fragestellung: »Wie können wir über den Preisfaktor konkurrieren?« in einen Rahmen pressen lassen. So bietet das Unternehmen hohe Rabatte an, was es eigentlich nicht nötig hätte. Wenn ich bei einem unbekannten Verleger ein altes Buch finde, bin ich meist so froh und dankbar, daß es gar nicht erforderlich wäre, mir auch noch einen zehnprozentigen Preisnachlaß zu offerieren. Statt sich in eine solche Abhängigkeit vom Preiswettbewerb zu begeben, sollte Amazon.com nach effektiveren Wegen suchen, um sich dauerhaft von anderen Buchhändlern abzuheben.

Phase 2: Suchen Sie nach neuen Wegen

»Nach neuen Wegen zu suchen« ist die zweite Phase des revolutionären Denkprozesses. Sie müssen Herausforderungen auf eine Art und Weise angehen, die Sie dazu zwingt, neue Lösungen und neue Handlungsweisen in Betracht zu ziehen.

Suchen Sie nach Ohnmachtsgefühlen

Das Beispiel Amazon.com illustriert einen effektiven Weg zur Entwicklung neuer Ansätze: Spähen Sie nach Ohnmachtsgefühlen, Frustration, Unannehmlichkeiten und Leid aus. Was bringt Kunden wirklich auf die Palme? Was Kunden an traditionellen Buchgeschäften wirklich auf die Palme bringt, ist beispielsweise die Tatsache, daß sie nach Büchern, die nicht auf der Bestsellerliste stehen, meist vergeblich suchen und auf einige bestellte Titel rund vier bis acht Wochen warten müssen. Für diese Frustration und dieses Leid (okay, vielleicht übertreibe ich ein wenig) bietet Amazon.com die geeignete Medizin an.

Trennen Sie Form und Funktion[7]

Kurz nach dem Golfkrieg erkrankte die Königinmutter von Oman und mußte im Walter Reed Army Medical Center behandelt werden. Da es sich bei Oman um einen

Verbündeten handelte, waren die Vereinigten Staaten gut beraten, dieser berühmten Patientin die beste medizinische Betreuung zukommen zu lassen.

Um auch nach der Entlassung der Königinmutter aus dem Krankenhaus eine kontinuierliche Behandlung zu gewährleisten, wurde ein telemedizinisches System entwickelt. Dieses System verband das Royal Hospital in Muskat, Oman, mit dem Walter Reed Army Medical Center[8] in Washington, D. C. Es ermöglichte die elektronische Übertragung von medizinischen Informationen, einschließlich digitalisierter medizinischer Abbildungen.

Da beide Seiten mit Computern und digitalen Kameras ausgestattet waren, konnte das Personal von Walter Reed der Patientin in Oman so oft wie nötig eine »Visite abstatten«. Es handelte sich hierbei um die erste umfassende internationale telemedizinische Anwendung. Ausgehend von dieser ersten Erfahrung, wurde das Konzept auch bei anderen medizinisch-humanitären Missionen des Militärs eingesetzt.

Die *Form* der medizinischen Behandlung ist das direkte Zusammentreffen von Arzt und Patient. Die *Funktion* der medizinischen Behandlung liegt in Diagnose und Behandlung. Form und Funktion sind in einer medizinischen Einrichtung, in der ein Patient zu bestimmten medizinischen Zwecken einen Arzt aufsucht, üblicherweise miteinander verknüpft.

Wenn Sie Form und Funktion trennen, eröffnen sich revolutionäre Möglichkeiten. In unserem Fall ist die Funktion die gleiche geblieben: Diagnose und Behandlung. Die Form hat jedoch eine neuartige Gestalt angenommen: Computer und Hochgeschwindigkeitsnetze zwischen Oman und dem Walter Reed Army Medical Center.

8 <http://www.hqda.army.mil/acsim/98 direct/wramc.htm/>

Beginnen Sie am Ziel, und arbeiten Sie sich zurück

Eines der Ziele einer Softwarefirma sind saftige Margen. Diesem Wunsch stehen jedoch so viele Faktoren im Wege, daß junge, kreative Unternehmen ohne üppige Kapitalausstattung (»zwei Jungs in einer Garage«) die Spielregeln ändern müssen, um zu überleben.
Mit dem Endergebnis zu beginnen und sich zum Anfang zurückzuarbeiten ist ein hilfreicher Weg. Blickt man beispielsweise vom Kunden aus zurück, so ergibt sich folgende Liste von Faktoren, die die Gewinnspanne einer Softwarefirma schmälern. Sind die einzelnen Faktoren nötig?

- Rabatte für Einzelhandel oder Versandhäuser
- Gebühren für Werbekooperationen
- Vervielfältigung auf Disketten oder CD-ROM
- Verpackung und Dokumentation
- Doppelter Versand: erst an einen Großhändler, von da aus an den Einzelhandel
- Büromiete

Bei Star Games[9] handelt es sich um ein virtuelles Unternehmen im Internet, das genauso verfährt: Es beginnt mit dem Endresultat und arbeitet sich zurück. Das erste Produkt des Spieleentwicklers namens *Pacific Tide* simuliert die Pazifikschlachten des Zweiten Weltkriegs.
Das Spiel wird als Shareware, als kostenlos herunterladbare Datei im Internet, angeboten, so daß keine Rabatte oder Gebühren für Werbekooperationen an den Einzelhandel oder an Versandhäuser gezahlt werden müssen. Außerdem entstehen durch die heruntergeladenen Ko-

9 <http://www.star-games.com/>

pien keine Vervielfältigungs- oder Datenträgerkosten. Das Produkt braucht keine Verpackung, und die Dokumentation kann von den Kunden entweder am Bildschirm eingesehen oder ausgedruckt werden.
Das Unternehmen wurde 1995 von Martin Favorite, dem Präsidenten, gegründet, indem dieser über das Internet neue Mitarbeiter anwarb. 1997 zählte die Firma 15 Beschäftigte, von denen Favorite nur zwei persönlich kennengelernt hat. Die meisten Beschäftigten arbeiten von zu Hause aus, was geringere Mietkosten impliziert.
Ein Simulationsspiel des Zweiten Weltkriegs erfordert umfassende Recherchen. Für diese Recherchen ist es Star Games entweder gelungen, Zutritt zu den Geschichtsarchiven verschiedener Länder zu erhalten oder sich mit Personen vor Ort anzufreunden, die für ein Exemplar des Spiels (d. h. für eine herunterladbare Datei!) die Forschungsarbeit übernahmen.
Zu guter Letzt kann Star Games die Marketingkosten im Zaum halten, indem es die Möglichkeiten des Internets nutzt. Hierzu zählen Links von Webseiten zum Thema Videospiele, Mailing-List-Server, Bulletin Boards (»Schwarze Bretter«) oder der Tausch von Werbeplätzen mit anderen Web Sites.

Untergliedern Sie das Problem in kleine Teilprobleme[8]

Ein Problem präsentiert sich manchmal so komplex, daß man gar nicht weiß, wo man anfangen soll – dies gilt vor allem für angehende Revolutionäre. Die Lösung dafür besteht darin, das Problem in mehrere Fragmente aufzuspalten und sich den kritischen und noch ungelösten Bereichen zuzuwenden.
Das bloße Nachdenken über die überwältigende Herausforderung, dem Menschen das Fliegen zu ermöglichen, raubte wahrscheinlich vielen Möchtegern-Revolutionä-

ren den Mut. Die amerikanischen Flugzeugpioniere Orville und Wilbur Wright waren dagegen schlau genug, das Problem in drei Bereiche aufzuteilen:

- Die Konstruktion von Tragflächen
- Die Erzeugung und Anwendung von Energie
- Das Gleichgewicht und die Steuerung im Fluge

Bis zum Jahr 1901 hatten andere Erfinder die ersten beiden Hürden weitgehend überwunden. Man konnte Tragflügel bauen, die das Gewicht des Flugzeugs, Triebwerks und des Piloten trugen, und es waren Triebwerke entwickelt worden, die für Flugzwecke gleichzeitig leistungsfähig und leicht genug waren.
Im Gegensatz zu anderen Konstrukteuren richteten die Wright-Brüder ihr Augenmerk auf die Anforderungen, die erfüllt werden mußten, um in der Luft zu *bleiben,* nicht nur um erfolgreich *von der Erde abzuheben.* Während die »Konkurrenz« weiterhin an Tragflächen und Triebwerken herumbastelte, verschwendeten die Wrights weder Zeit noch Geld mit dem Entwurf von Flugzeugen, die sich nicht in der Luft halten konnten. Ihrer Ansicht nach lag das entscheidende Problem im Gleichgewicht und in der Steuerung.
In der Theorie sind Gleichgewicht und Steuerung recht einfach zu bewältigen: Schwerpunkt und Druckpunkt müssen übereinstimmen. In der Flugpraxis gestaltet sich diese Aufgabe jedoch schwieriger, da Winde und die Bewegungen des Flugzeugs den Druckpunkt ständig verändern. Die Flugpioniere Wright fanden eine einfache Lösung für dieses Problem: ». . . Übung ist der Schlüssel zum Geheimnis des Fliegens.«[9] Sie verbrachten unzählige Stunden mit Flugversuchen, anstatt sich nur auf die technischen Aspekte des Flugzeugs zu konzentrieren.[10]

Wir können aus dem Triumph der Gebrüder Wright drei wichtige Schlüsse ziehen:

- Gliedern Sie große Probleme in kleinere Probleme auf.
- Konzentrieren Sie sich auf die kleineren Probleme, die noch nicht gelöst wurden.
- Verschwenden Sie keine Zeit und keine Energie mit der Bearbeitung kleinerer Probleme, die bereits gelöst wurden.

Kopieren Sie Mutter Natur

Lange vor den Wright-Brüdern flogen Schmetterlinge durch die Lüfte. Ihre Flügel illustrieren das nächste Prinzip: Kopieren Sie Mutter Natur.
Ioannis Miaoulis, Dekan des Tufts College of Engineering,[10] hat die Struktur von Schmetterlingsflügeln untersucht. Wahrscheinlich hören Sie eine derartige Beschreibung zum ersten Mal, doch Schmetterlingsflügel bestehen aus vielschichtigen, hauchdünnen Membranen, wobei sich Luftschichten mit einem chitinisierten Adersystem abwechseln (Chitin ist das rauhe, proteinähnliche Material, aus dem das Außenskelett von Krabben, Hummern und vielen Insekten besteht). Angesichts dieser physikalischen Eigenschaften (Lufttaschen und rauhes Material) wäre zu vermuten, daß Schmetterlingsflügel ungleichmäßig Wärme aufnehmen. Miaoulis fand jedoch heraus, daß eine gleichmäßige Wärmeabsorption erfolgt.[11]
Zur Zeit bemüht sich die Computerindustrie, eine ungleichmäßige Erwärmung von Computerchips zu verhindern, da diese die Leistung der Chips beeinträchtigt. Zu diesem Zweck versuchen Branchenexperten, eine ebene

10 <http://www.tufs.edu/as/engdept>

Oberfläche von einheitlicher Stärke zu schaffen. Miaoulis' Forschung könnte jedoch nahelegen, daß die Lösung des Problems eher darin besteht, den Vorgaben von Mutter Natur zu folgen und unebene Oberflächen zu kreieren.
Die Natur ist ein Forschungs- und Entwicklungslabor, das seit einigen Milliarden Jahren praktikable Lösungen perfektioniert. Die Nachahmung von Mutter Natur hat heute sogar einen Namen: Biomimicry. Diese wissenschaftliche Disziplin versucht z. B. folgende Fragen zu beantworten:

- Wie befreien sich Schimpansen von Krankheiten, indem sie Blätter fressen?
- Wie können Spinnen Fäden spinnen, die wesentlich fester, leichter und elastischer sind als sämtliche vom Menschen produzierte Fasern?
- Wie bleiben Miesmuscheln unter Bedingungen haften, in denen die besten Klebstoffe des Menschen kläglich versagen?

Bearbeiten Sie die Randbereiche

Die wirklich wichtigen Dinge spielen sich an den Rändern ab, also dort, wo verschiedene Oberflächen oder Materialien aufeinandertreffen oder ineinander übergehen. So lautet einer der wichtigsten Grundsätze der Architektur. Entscheidende Wirkungen gehen nicht von homogenen Zentren oder Bereichen aus.[12]
Auch Revolutionäre sollten dieses Prinzip berücksichtigen. Das Wesentliche am Macintosh z. B. ist die Schnittstelle zwischen Mensch und Computer. Ein Macintosh macht es dem Benutzer leicht, seine Ziele am Computer umzusetzen.
Wenn Sie die Spielregeln ändern wollen, müssen Sie z. B. auf folgende Randbereiche achten:

- **Interaktion zwischen Mensch und Maschine.** Macintosh ist mein persönliches Beispiel. Es gibt jedoch noch viele bisher unentdeckte Wege, wie die Arbeit an Maschinen erleichtert werden kann.
- **Zwischenmenschliche Interaktion.** E-Mail, Online-Chats und Videokonferenzen sind gute Beispiele für neue Wege der zwischenmenschlichen Interaktion.
- **Unternehmen und Mensch.** Der inzwischen legendäre Kundenservice von Nordstrom hat die Regeln des Einkaufens sowie die Erwartungen verändert, die Menschen an einen Einkauf stellen.
- **Unternehmen und Unternehmen.** Dells[11] Ersatzteilhändler sind in demselben Gebäude untergebracht wie die Produktionsstätten des Unternehmens. Das nenne ich effektive Just-in-time-Lieferungen.

Phase 3: Sorgen Sie für Niederschlag

Ich überschreibe die dritte Phase mit »Sorgen Sie für Niederschlag«, weil ich in diesem Zusammenhang an meinen früheren Chemieunterricht denken muß. In einem Experiment versetzten wir eine Silbernitratlösung mit einer Natriumchloridlösung. Und siehe da – in dem Gemisch der beiden Flüssigkeiten fiel ein fester Niederschlag aus (Silberchlorid).

$AgNO_3 + NaCl \Rightarrow AgCl + Na^+ NO_3-$

Dieser Versuch löste in mir ein wahres Aha-Erlebnis aus: Die Mischung zweier Flüssigkeiten kann einen festen Stoff ergeben![12]

---

11 <http://www.dell.com/>

12 Wie das alte amerikanische Sprichwort sagt: Wenn Sie nicht Teil der Lösung sind, dann sind Sie Teil des Niederschlags.

Genau solche magischen Momente ergeben sich, wenn Sie anders denken als andere: Urplötzlich, wie aus dem Nichts (auch wenn wir wissen, welche Hintergrundprozesse abgelaufen sind), setzt sich ein fester Niederschlag ab. Lesen Sie nun einige Beispiele für großartigen gedanklichen Niederschlag:

- **Physisch.** Dem Dean Junior College[13] (in Franklin, Massachusetts) gingen potentielle Kunden durch die Lappen, die einfach nicht genügend Zeit hatten,um an einem Kurs teilzunehmen. Das College führte daher seinen »ChooChooU«-Kurs ein, der in einem Pendlerzug nach Boston abgehalten wurde. So wurde gegen die Regel verstoßen, daß Unterricht an bestimmten immobilen Orten stattzufinden habe. Die Kursteilnehmer nahmen auf ihrem Weg zur Arbeit an den Vorlesungen teil und legten ihre Prüfungen am Wochenende im College ab.[13]
- **Zeitlich.** Wer nach einem Autounfall Anspruch auf Versicherungsleistungen hat, muß meist lange warten, bis ein Kostenvoranschlag der Werkstatt vorliegt, ein Gutachter den Schaden bewertet hat und alle Formalitäten erledigt sind. Die Plymouth Rock Assurance Corporation aus Boston hat eine Flotte von *Crash Busters* (Unfallexperten) ins Leben gerufen, die der Schadenregulierung ein ganz neues Gesicht verleihen. Der Wagen eines jeden *Crash Busters* ist mit einem kompletten Minibüro ausgestattet, das über einen Computer, ein Modem, ein Mobiltelefon, einen Laserdrucker und einen Drehstuhl verfügt. Der Schadensachverständige oder *Crash Buster* fährt zum Unfallort, ermittelt, welche Reparaturen erforderlich sind und stellt dem Versicherten an Ort und Stelle einen Scheck aus.[14]

---

13 <http://www.dean.edu/>

✍ Übung

Wie lange hat die Schadenabwicklung bei Ihrem letzten Autounfall gedauert?

- **Geographisch.** Die Charlie Case Tire Company betreibt eine Autowerkstatt. Üblicherweise liegen Werkstätten in der Nähe von Wohn- oder Bürovierteln. Nicht so die Charlie Case Tire Company, die sich am Flughafen von Phoenix, Arizona, niedergelassen hat. Aus welchem Grund? Wenn Sie per Flugzeug die Stadt verlassen, können Sie Ihr Auto für einen Öl- oder Reifenwechsel bei der Werkstatt abstellen. Die Mitarbeiter von Charlie Case bringen Sie zu Ihrem Terminal und holen Sie bei Ihrer Rückkehr wieder ab. Sie müssen also nicht auf Ihr Auto verzichten, wenn Sie es eigentlich brauchen, müssen sich nicht zur Werkstatt oder zum Flughafen bringen lassen und zahlen nur 3,75 Dollar Parkgebühr pro Tag.

- **Branchentraditionen.** Die meisten Musikgruppen verbieten ihren Fans, auf Konzerten Bootleg-Aufnahmen zu machen. Schwarzmitschnitte, so die allgemeine Überzeugung der Branche, schmälern den Absatz von CDs, Kassetten und Schallplatten. Eine Band, die sich dieser Regel widersetzte, war Grateful Dead.[14] Grateful Dead ging sogar soweit, im Konzertsaal eine Ecke freizuhalten, wo Besucher das Konzert gut mitschneiden konnten. Diese Einstellung sprach sich herum, mit dem Effekt, daß die Band einen größeren Zulauf bekam. Auch die Zahl der verkauften Platten kletterte in die Höhe, und es entstand eine

---

14 <http://www.grateful.dead.net/>

tiefere Bindung zwischen den Musikern und ihren Fans.[15]

- **Kundenbedürfnisse.** Die meisten Fluggesellschaften handeln nach folgender Maxime: Man setze so viele Passagiere wie möglich in eine Maschine und spare an der Verpflegung – das steigert den Gewinn! Im Gegensatz dazu behandelt Midwest Express Airlines[15] jeden Passagier wie einen Reisenden der ersten Klasse. Die Fluggesellschaft ist davon überzeugt, daß der Schlüssel zum Erfolg in der Fähigkeit liegt, die Kunden an das Unternehmen zu binden.[16] Die Flugzeuge von Midwest sind im Gegensatz zu den Maschinen der meisten Konkurrenten nur mit vier statt fünf Sitzen pro Reihe ausgestattet. (Es gibt keine erste Klasse – das gesamte Flugzeug ist so gestaltet.) Den Reisenden werden auf Porzellangeschirr raffinierte, frisch zubereitete Speisen serviert, wobei auch ein Glas Wein und eine Stoffserviette nicht fehlen.
- **Regeln des Kampfes.** Der Wettbewerb zwischen Rivalen unterliegt normalerweise ungeschriebenen (häufig unerklärlichen) Regeln des Kampfes. 1995 organisierten die Fernsehsender WBTV und WSOC in Charlotte, North Carolina, zwecks Erhöhung der Einschaltquoten jeweils ein Lotteriespiel. Die Zuschauer sahen sich eigens für die Ziehung der Zahlen die entsprechenden Sendungen an. Schon bald versuchten die beiden Sender, sich unter Berücksichtigung einer traditionellen Regel des Kampfes um Einschaltquoten zu überbieten: Locken Sie mit höheren Gewinnen als die Konkurrenz. Ein dritter Sender, WCNC,[16] setzte überhaupt keine Preise aus, sondern gab lediglich die Gewinnzahlen der beiden anderen Sender bekannt.

15 <http://www.midwestexpress.com/>
16 <http://www.wcnc.com/>

Die Einschaltquote dieses Senders schnellte um 83 Prozent in die Höhe, ohne daß WCNC einen einzigen Pfennig investiert hätte![17]

- **Produktdefinition.**[18] Amil International Health Corporation[17] ist eine schnell wachsende Krankenversicherung mit Sitz in Brasilien. Einer der Hauptgründe für Amils Erfolg liegt darin, daß die Versicherung die Regeln der Produktdefinition (oder Produktbeschränkung) geändert hat. Amil betreibt eine eigene Kette von Apotheken, eine 24-Stunden-Hotline für medizinische Abfragen aller Art,[19] sie unterhält eine Flugbereitschaft, mit der Sie für zwei Dollar mehr pro Monat im Notfall in die Klinik geflogen werden, und einen Kinderclub, der Kindern eine gesunde Lebensweise nahebringen soll. Außerdem werden für Geschäftsleute kostenlose Vorträge mit hochkarätigen Rednern wie dem amerikanischen Managementexperten Peter Drucker organisiert.

Seien Sie ein Glückspilz (oder warum Glück zu haben nicht immer reine Glückssache ist)

Ich gebe zu, daß die Urheber vieler revolutionärer Ideen einfach Glück hatten. Falls Sie als Glückspilz durchs Leben gehen, können Sie die Kapitel »Entschlacken«, »Neue Wege suchen« und »Für Niederschlag sorgen« überspringen und sich direkt dem Glück widmen. So sehr wir auch glauben wollen, daß Erfindungen und Revolution stets das Ergebnis systematischer, linearer Problemlösung sind, trifft dies doch nicht zu. Es gibt jedoch Mittel und Wege, um dem Glück *nachzuhelfen.*

---

17 <http://www.amil.com.br/>

Nutzen Sie Naivität

Naivität setzt Kräfte frei. Lassen Sie mich Ihnen zur Veranschaulichung dieser These eine Geschichte erzählen. Vielleicht entbehrt die Anekdote jeglicher Wahrheit, doch durch fehlende Beweise lasse ich mir eine gute Geschichte grundsätzlich nicht verderben.

Die Geschichte geschah bei General Electric[18] in den 30er Jahren. Immer wenn neue Techniker zu der damaligen Beleuchtungsabteilung stießen, spielte der Abteilungsleiter ihnen einen Streich. Er beauftragte die Neulinge damit, eine Beschichtung für Glühbirnen zu erfinden, die das damalige Problem – eine punktuelle Überhitzung der Glühlampen – aus dem Wege räumen sollte.

Der Witz war, daß die Entwicklung einer gleichmäßigen Glühbirne als »unmögliche, unlösbare« Aufgabe galt. Techniker um Techniker biß sich an dem Problem die Zähne aus. Wenn ein neuer Mitarbeiter sein Unvermögen eingestand und ihm daraufhin mitgeteilt wurde, daß er sich an einer ohnehin unüberwindlichen Hürde versucht hatte, rief dies in der Runde allgemeine Belustigung hervor.

Dieses wunderbare Begrüßungsritual bewährte sich, bis im Jahr 1952 ein Neuankömmling seine Lösung mitbrachte, einschraubte, das Licht anschaltete und den Abteilungsleiter fragte, ob dies das Produkt sei, nach dem er gesucht habe. Als der Abteilungsleiter die »unmögliche Glühbirne« sah, soll er gestottert haben: »Äh, hm, ja, das ist es.«[20]

In gewisser Hinsicht handelt es sich hierbei um ein ähnliches Konzept wie das Prinzip des »Cogita Differenter«: »Suchen Sie sich jemanden, der sich bisher noch nicht

18 <http://www.ge.com/>

mit dem Problem befaßt hat oder zumindest nicht ›weiß‹, daß eine Lösung unmöglich ist.«

Nutzen Sie Zufallsprodukte

Zufallsprodukte entstehen, wenn ein Unternehmer »aus Versehen« ein Produkt entwickelt, das wertvoller ist als das von ihm ursprünglich gesuchte Erzeugnis. Wenn von Teflon die Rede ist, denken die meisten Menschen an die Antihaftbeschichtung von Töpfen und Pfannen. Der Wissenschaftler von DuPont,[19] der Teflon im Jahr 1938 entdeckte, dürfte jedoch kaum darum bemüht gewesen sein, uns die Hausarbeit zu erleichtern.

Dieser Wissenschaftler hieß Roy Plunkett. Er arbeitete an einem Projekt zur Herstellung einer neuen Art von Freon (eine als Kältemittel genutzte Chemikalie), die nicht gegen die Patentrechte anderer Firmen verstoßen würde. Sicherlich ging es ihm nicht darum, eine neuartige Beschichtung für Kochtöpfe zu entwickeln.

Als Plunkett das neue Material entdeckte, tat er genau das Richtige: Obwohl er nicht gefunden hatte, wonach er eigentlich suchte, blieb er neugierig und führte weitere chemische Tests durch. Als er feststellte, daß auch die grundlegendsten Reagenzien nicht mit dem mysteriösen Material reagierten, zog er daraus den Schluß, daß sein Verfahren eine Polymerisation zur Folge hatte (ein chemischer Reaktionstyp, bei dem zahlreiche einfache Moleküle über ein Kettenwachstum zu Makromolekülen vereinigt werden).

Plunkett schickte eine Probe an die zentrale Forschungsabteilung von DuPont, wo schnell auffiel, daß das neue Material extrem glatt und chemisch inaktiv war. Der Ausbruch des Zweiten Weltkriegs und der Plan, eine

19 <http://www.dupont.com/>

Atombombe zu bauen, führten zur ersten Nutzung des neu entdeckten Materials. Es kam in der Fertigung des radioaktiven Isotops Uranium zum Einsatz und wurde in die Spitze von Minenbomben gegossen.
Mehr als zehn Jahre nach Beendigung des Krieges konnte DuPont das Material Teflon kostengünstig genug herstellen, um es für Konsumgüter zu verwenden.[21] Aus der Geschichte der Entdeckung und Nutzung von Teflon können drei hochinteressante Rückschlüsse gezogen werden:

- Zeigen Sie Interesse für unvorhergesehene Entdekkungen.
- Schaffen Sie in Ihrem Unternehmen eine Atmosphäre, die zu scheinbar zielloser Forschung und Entwicklung ermutigt.
- Entwickeln Sie eine Entdeckung weiter, sie kann bedeutende Handelsprodukte hervorbringen.

Schöpfen Sie »latentes Potential« aus[22]

Latentes Potential ist ein Konzept von Stephen Jay Gould, dem Evolutionsbiologen der Harvard-Universität.[20] Von Gould stammt die Theorie, daß einige Strukturen bei Tieren zwar einem bestimmten Zweck zugeordnet waren, aber gleichzeitig das latente Potential in sich trugen, einem zusätzlichen Zweck dienen zu können. Er veranschaulicht diesen Ansatz mit dem sogenannten »5-Prozent-eines-Flügels«-Problem. Jeder wird sofort einsehen, daß ein voll entwickelter Flügel ein wunderbares Werkzeug darstellt, mit dessen Hilfe ein Vogel sich in die Lüfte schwingen kann. Wozu aber dienen fünf Prozent eines Flügels?

20 <http://www.harvard.edu/>

Die Antwort lautet, daß fünf Prozent eines Flügels – vielleicht eine Reihe Federn – ein Tier zwar nicht zum Fliegen befähigen, jedoch z. B. ein exzellentes Instrument zur Wärmespeicherung bilden. Die Vorläufer von Flügeln, mit denen ein Vogel sich durch die Luft fortbewegt, können daher Federn zur Wärmeregulierung gewesen sein. Es ist durchaus möglich, daß Flügelstrukturen im Frühstadium die Aufgabe erfüllten, Wärme zu speichern, und gleichzeitig das latente Potential eines Flugwerkzeugs in sich trugen.
Was haben ein paar Federn an einem Archaeopteryx nun aber mit andersartiger Denkweise, dem Auslösen von Revolutionen und Glück zu tun? In der Tat sehr viel! Seien Sie offen für alle unerwarteten, unvorhergesehenen Eigenschaften Ihrer Produkte oder Dienstleistungen und machen Sie sich diese zunutze.
Denken Sie z. B. an den Zigarettenanzünder in Ihrem Auto. Ursprünglich diente er wahrscheinlich nur dem einen Zweck: Er gab Ihnen die Möglichkeit, Ihren Mitfahrern und sich selbst die Gesundheit zu ruinieren. Die verantwortlichen Konstrukteure ahnten nicht, daß der Anzünder auch als Stromquelle für Mobiltelefone und Radardetektoren weite Verbreitung finden würde. Das Unternehmen Whistler Corporation hat sogar Ventilatoren, Megaphone, Kaffeemaschinen, Mixer und Föne kreiert, die an einen Zigarettenanzünder angeschlossen werden können. In der letzten Zeit bieten viele Automobilhersteller Mehrfachanzünder an, wobei sie wohl nicht an die Kettenraucher, sondern vielmehr an all die Geräte gedacht haben, die von Familien in einem Auto gern benutzt werden.

Abbildung 1: Ein Mixgerät der Whistler Corporation für Ihr Auto

Die Entdeckung von latentem Potential ist selten beabsichtigt und beruht meist auf Glück oder Zufall. Wenn es jedoch zutage tritt, bietet sich Ihnen eine exzellente Chance, die Spielregeln zu ändern.

Lektüre für Revolutionäre[21]

Biomimicry – Innovation Inspired by Nature, Janna M. Benyus, William Morrow and Company, Inc., 1997, ISBN: 0688136915

Decision Traps – Ten Barriers to Brilliant Decision-Making and How to Overcome Them, J. Edward Russo und Paul J. H. Schoemaker, Fireside, 1990, ISBN: 0671726099

Extraordinary Popular Delusions & the Madness of Crowds, Charles MacKay, Wiley, 1996, ISBN: 0-471-13312-4

If You Want to Write – A Book About Art, Independence and Spirit, Brenda Ueland, Graywolf Press, 1997, ISBN: 1555972608

The Quark and the Jaguar – Adventures in the Simple and the Complex, Murray Gell-Mann, W. H. Freeman & Company, 1994, ISBN: 0716725819 (Das Quark und der Jaguar, Piper, 1995, ISBN: 3-492-03201-X)

The Structure of Scientific Revolutions, Thomas S. Kuhn, University of Chicago Press, 1996, ISBN: 0226458083

Uncommon Genius – How Great Ideas Are Born, Denise G. Shekerjian, Penguin, USA, 1991, ISBN: 0-140-109862

21 Am Ende eines jeden Kapitels präsentiere ich eine Liste von Werken, die für Revolutionäre Pflichtlektüre (nicht nur empfehlenswerte Lektüre!) sind. Entgegen den Anweisungen des *The Chicago Manual of Style* liste ich die Werke alphabetisch nach Titel geordnet auf, wobei ich jeweils das Veröffentlichungsdatum der neusten Ausgabe angebe, die ich entdecken konnte (wenn möglich der Taschenbuchausgabe). Außerdem führe ich die ISBN-Nummer auf. All dies dient dazu, daß Sie das Buch problemlos finden und kaufen können.*
*) In der deutschen Ausgabe wurden diese Angaben durch die deutschen Buchtitel und die deutsche ISBN, sofern vorhanden, ergänzt.

Kapitel 2: Don't worry, be mies

Die gewaltsame Durchführung eines unvollkommenen Plans bringt größeren Fortschritt als die Perfektionierung eines Plans, die gewaltsam durchgeführt wird.
Hubert Humphrey

Macintosh, der miese Computer

Im Januar 1984 leistete ich aktive Unterstützung zur Auslieferung eines miesen Produkts. Es hatte nur 128K RAM und besaß keine Festplatte (das war gut so, es gab nämlich auch keine Anwendungssoftware), kein Modem, keine Steckplätze, keinen Farbmonitor, keine Dokumentation, keine etablierte Kundenbasis und keine Entwicklungstools. Natürlich handelte es sich bei diesem Produkt um die erste Version des Macintosh-PCs.

Wir (das heißt die Macintosh Division von Apple Computer) hätten auch warten können, bis sich der Macintosh als »perfektes« Gerät präsentierte. Dies hätte jedoch zu einer Verzögerung von einem weiteren Jahr geführt und Macintosh eventuell den Todesstoß versetzt: Wir waren ausgebrannt, die Softwareentwickler, die an den Anwendungen arbeiteten, hätten das Vertrauen verloren, daß Macintosh jemals einen Computer ausliefern würde, und außerdem konnte niemand vorhersagen, wie sich der Computermarkt in einem Jahr verändern würde.

Mit Bobby McFerrin sollte die Devise manchmal lauten: »Don't worry, be mies – liefere ein unvollkommenes Produkt aus« – nicht, weil man meint, damit durchkommen zu können, sondern weil es der richtige Weg ist.

Revolutionäre Produkte scheitern nicht, weil sie zu früh auf den Markt gebracht werden. Sie scheitern, weil sie nicht schnell genug überarbeitet werden (Überarbeitungsprozesse bilden den Gegenstand des nächsten Kapitels). Um ehrlich zu sein, ließ die erste Version der meisten Produkte sehr zu wünschen übrig.

Wie oft haben Sie schon die Erstausgabe eines bahnbrechenden Produkts betrachtet und sich gefragt: »Wie konnte das Unternehmen nur eine so wichtige Eigenschaft auslassen, eine Eigenschaft, für die die erforderliche Technologie damals längst existierte?« Als Sie das

Produkt damals zum ersten Mal sahen, waren Sie und alle anderen Kunden von seinen Fähigkeiten so begeistert, daß Ihnen gewisse Mängel gar nicht auffielen.
Um die Philosophie des »Don't worry, be mies« befolgen zu können, brauchen Sie großartige Produkte, großartige Teams und großartige Verfahren.

Großartige Produkte[22]

1990 schrieb ich mein erstes Buch – *The Macintosh Way (dt.: Management à la Macintosh).* Wenn ich es heute zur Hand nehme, bringt mich sein unbeholfener Stil in Verlegenheit. Eine solche Scham lähmt viele Menschen und hält sie davon ab, ihr Produkt auf den Markt zu bringen. Glücklicherweise ist mir die zweifelhafte Qualität des Buches damals nicht aufgefallen, weil 30 000 Exemplare verkauft wurden – »Don't worry, be happy!«
In dem genannten Buch erläutere ich die Eigenschaften, die ein Erzeugnis zu einem großartigen Produkt machen. Ein großartiges Produkt hat Tiefe, es verwöhnt den Käufer, und es besticht durch Vollständigkeit und Eleganz. Jetzt, sieben Jahre später, gebe ich Version 2.0 heraus und füge eine weitere Eigenschaft hinzu: Ein großartiges Produkt löst starke Gefühle aus.

Tiefe

Großartige Produkte haben Tiefe. Ihre Eigenschaften und Funktionen befriedigen Bedürfnisse, von deren Existenz der Kunde beim Kauf des Produkts gar nichts wußte. Ein »tiefes« Produkt kennzeichnet sich dadurch,

22 Wenn ich den Begriff »Produkte« verwende, beziehe ich mich dabei häufig auf Produkte *und* Dienstleistungen.

daß sich der Besitzer nach einer Weile des Gebrauchs eine bestimmte Eigenschaft wünscht, um dann festzustellen, daß die entsprechende Funktion bereits vorhanden ist.

Produkte mit Tiefe wachsen mit Ihnen, so daß Sie sich nicht ständig neue Produkte kaufen müssen. Ein gewitzter Verbraucher wird eine Ware oder eine Dienstleistung erwerben, die zunächst ein paar Nummern zu »groß« für ihn ist. Wenn sich der Benutzer weiterentwickelt, kann er in das Produkt »hineinwachsen«.

Mein Lieblingsbeispiel für ein Produkt mit Tiefe ist eine Armbanduhr namens Breitling Aerospace.[23] Auf der einen Seite handelt es sich um einen reinen Chronographen mit Zifferblatt und Zeigern, doch mit der Zeit lernen Sie die hintergründigen Facetten der Uhr kennen: Sie können die Zeit über Analog- und Digitalanzeige ablesen, Sie erfahren die Uhrzeit für zwei weitere Zeitzonen, Sie können ablesen, wie lange ein Flug noch dauern wird oder wie lange Sie schon joggen.[24]

Verwöhnqualitäten

Großartige Produkte oder Dienstleistungen geben dem Kunden das Gefühl, verwöhnt zu werden. Sie bieten mehr, als Sie mindestens brauchen, und kosten mehr, als Sie mindestens hätten ausgeben müssen. Würde es mir schlecht ergehen, wenn meine Uhr nicht mit all den Attributen einer Breitling Aerospace ausgestattet wäre?

---

23 <http://www.breitling.com/>

24 Die Breitling Aerospace weist jedoch eine Funktion auf, bei der mir nicht klar ist, wann sie zum Einsatz kommen soll. Wenn Sie auf die Krone drücken, wird Ihnen mit vier verschiedenen Tönen die Uhrzeit mitgeteilt. Vielleicht nützt dieses Merkmal Höhlenforschern, die – in einer Spalte eingeklemmt – ihr Handgelenk nicht mehr drehen, jedoch mit der anderen Hand die Krone drücken können. So hören sie noch einmal die Uhrzeit, bevor es mit ihnen zu Ende geht.

Wohl kaum, doch ich habe das Gefühl, mir etwas Gutes zu tun – ich werde verwöhnt.

Das System Beo Sound 9000 von Bang und Olufsen[25] liefert ein weiteres Beispiel für ein »verwöhnendes« Produkt. Diese Musikanlage umfaßt einen 6fach-CD-Spieler und ein AM/FM-Radio. Die CDs sind in einer Reihe angeordnet – hinter einer vorgespannten Glasfront mit motorisierter Öffnungsklappe.

Sie können das Gerät senkrecht oder waagerecht aufstellen und rechtwinklig oder flach an der Wand montieren. Die Bedienungsleiste haftet per Magnet und kann somit beliebig angebracht werden. Sie können Ihre Lieblingsradiosender und Ihre Lieblingsstücke von bis zu 200 CDs einprogrammieren.

Ein zwölfstelliges LED-Display mit »Scheinwerfer« sorgt dafür, daß Sie den Titel und die Nummer des abgespielten Liedes lesen können. Ebenso informiert das Display Sie über die noch verbleibende Zeit. Auch die Position des Displays kann verändert werden, um eine optimale Lesbarkeit zu erzielen. Wenn die CD sich nicht mehr dreht, bringt die Funktion »Autopositioning« sie genau in die Position, in der die CD eingelegt wurde. So können Sie den Text auf der CD lesen und die Bilder betrachten.

Ein teures Produkt erweist Ihnen nicht zwangsläufig eine Wohltat. Viele teure Produkte verwöhnen Sie in keinster Weise – sie sind einfach idiotisch. Auf der anderen Seite können preisgünstige Produkte Sie durchaus mit einem Hauch von Luxus umgeben. Dies ist z. B. bei dem strahlend weißen, wunderbar glatten Laserdruckerpapier First Choice von Weyerhauser der Fall.[23] Oder gehen Sie in Tokio einmal für 20 Dollar zum Frisör. Fünf Angestellte kümmern sich um Sie, und Sie erhalten eine kom-

25 <http://www.bangsf.com/>

plette Oberkörpermassage, Ihre Augenbrauen werden rasiert, Ihre Haare werden viermal gewaschen, und zu guter Letzt wird Ihnen ein Abschiedsgeschenk überreicht.[24]

Vollständigkeit

Ein vollständiges Produkt wartet mit allen Eigenschaften auf, die es zu einem angenehmen Erlebnis machen. Vollständigkeit darf nicht mit Tiefe verwechselt werden. Eine Breitling Aerospace z. B. besitzt Tiefe. Wenn der Service für die Uhr schlecht wäre, könnte das Produkt jedoch nicht als vollständig bezeichnet werden (tatsächlich wird ein exzellenter Service geboten, so daß eine Breitling sowohl Tiefe hat als auch vollständig ist). Tiefe bezieht sich auf das Produkt, Vollständigkeit auf die Dokumentation, den Service und den Support.
DirectTire[26] Sales aus Watertown, Massachusetts, dient als Beispiel für einen vollständigen Service. Während der gesamten Lebensdauer der Reifen führt die Firma Auswuchtungen durch und repariert Platten. Außerdem brauchen sich Kunden, die ihren Wagen zwecks Reparatur an der Werkstatt abgeben, keine Gedanken darum zu machen, wie sie zur Arbeit kommen sollen: Es stehen 14 Leihwagen zur Verfügung.
Wenn gerade kein Leihwagen zur Hand ist oder der Kunde es so wünscht, zahlt DirectTire die Hin- und Rückfahrt mit dem Taxi. Um den Kunden etwaige Wartezeiten zu versüßen, können sie eine gemütliche Lounge aufsuchen und Zeitschriften lesen, frischen Kaffee trinken und Doughnuts verzehren. Für eine geringe Gebühr lagert DirectTire die Winterreifen der Kunden ein und nimmt zweimal im Jahr ohne weitere Kosten die Montage, Auswuchtung und den Wechsel der Reifen vor.

---

26 <http://www.directtire.com/>

Eleganz

Produkte mit Tiefe leiden oftmals unter einer ganz bestimmten Krankheit: Wenn ein elegantes Design fehlt, können Verbraucher sich häufig keinen Reim darauf machen, wie Produkte mit Tiefe zu benutzen sind – dies kann sogar zu einer tiefen Abneigung dem Produkt gegenüber führen. Ich kann allein durch Drehen der Lünette alle Funktionen der Breitling Aerospace bedienen – die Uhr ist nicht mit Knöpfen übersät wie die meisten Digitaluhren.

Abbildung 2: Ein elegantes Produkt mit Tiefe: die Breitling Aerospace

Ein großartiges Produkt vereint Eleganz und Tiefe. Von den fünf genannten Eigenschaften läßt sich Eleganz am schwersten erklären und umsetzen, weil Eleganz für gewöhnlich im Auge des Betrachters liegt. Elegante Produkte erfüllen jedoch die folgenden Voraussetzungen:

- **Sie sind ästhetisch.** Elegante Produkte demonstrieren, daß sich jemand Gedanken um die äußere Erscheinung des Produkts gemacht hat. Ein gewisser Glanz spiegelt den Stolz des Schöpfers wider. Elegante Produkte sind nicht nur funktionell, sondern auch schön.
- **Sie zeigen, daß die Form sich nach der Funktion richtet.** Die physische Form eines eleganten Produkts richtet sich nach seiner Funktion. Zwei Gegenbeispiele: Wer in seinem Chevrolet Monza die Zündkerzen auswechseln wollte, mußte den ganzen Motor ausbauen. Wer das Magazin *Wired* liest, muß angesichts des Seitenformats masochistische Neigungen haben. In beiden Fällen steht die Form der Funktion entgegen.
- **Sie werden aus reellen Materialien gefertigt.** Elegante Produkte setzen Materialien auf logische und natürliche Art und Weise ein. Materialien werden nicht dazu verwendet, bestimmte Aussagen zu machen oder die Emotionen der Konsumenten zu schüren. Ein Computer aus Teakholz offenbart z. B. eine nicht reelle Nutzung von Holz.
- **Sie ermöglichen eine direkte und unmittelbare Handhabung.** Elegante Produkte lassen sich leicht steuern, statt ihrerseits den Benutzer zur Verzweiflung zu treiben. Handlungen sind nicht abstrakt, sondern konkret, und der Benutzer, nicht das Produkt, übernimmt die Kontrolle.
- **Sie liefern konstantes Feedback.** Elegante Produkte halten einen Benutzer über das Geschehen auf dem laufenden: Macht ein Verfahren Fortschritte? Habe ich ein Hindernis erreicht? Der Benutzer muß den aktuellen Stand eines Prozesses nicht erraten.
- **Sie sind nachsichtig.** Elegante Produkte vergeben Fehler. Sie lassen ihre Benutzer nicht in Fallen tap-

pen, aus denen sie sich nicht mehr befreien können. Das beste Beispiel für diese Kategorie liefert der Befehl »rückgängig machen«, den viele Softwareprodukte enthalten.

✍ Übung

Verbinden Sie einen Anrufer mit einer anderen Abteilung Ihres Unternehmens.

Evokativ

Ein großartiges Produkt ruft starke Gefühle hervor: Menschen lieben es oder hassen es, und nur wenige Personen reagieren gleichgültig. Großartige Produkte sind aus zwei Gründen direkt mit Emotionen verknüpft:

- **Sie bereichern das Leben der Verbraucher.** Sie sorgen dafür, daß Menschen sich kreativer, produktiver und glücklicher fühlen. Somit entsteht eine emotionale Verbindung zwischen großartigen Produkten oder Services und den Benutzern.
- **Sie bedrohen den Status quo einiger Menschen.** Ein innovatives, überlegenes Produkt sorgt oftmals für Turbulenzen in der eingefahrenen Denkweise einiger Personen. Kleingeister hassen Turbulenzen.

Das heißt allerdings nicht, daß Sie in jedem Fall einen Treffer gelandet haben, wenn Leute Ihr Produkt hassen. Und es heißt sicherlich ebensowenig, daß Sie ein Produkt oder einen Service kreieren sollten, den die Welt hassen wird. Sie sollten sich jedoch bemühen, eher ein Produkt zu schaffen, das einige Menschen lieben, als ein Produkt, das alle nur mögen. Glauben Sie mir, wenn Sie

Erfolg haben, werden Feinde und Neider schon kommen. Doch das Engagement der Menschen, die Ihr Produkt lieben, wird stärker sein als die negative Haltung der Kritiker.

Doch ich schweife ab ... Halten Sie sich einfach die fünf Eigenschaften vor Augen, auf denen großartige Produkte basieren: Tiefe, Verwöhnqualitäten, Vollständigkeit, Eleganz und die Fähigkeit, Gefühle zu wecken.

Großartige Teams

Ich wünsche Ihnen, daß Sie wenigstens einmal in Ihrem Leben die Gelegenheit haben, in einem Team wie der Macintosh Division von Apple Computer arbeiten zu dürfen. Wir waren sicher die größte Ansammlung von Egomanen im Silicon Valley, wo es von Egomanen nur so wimmelt – das will etwas heißen! Doch wir bildeten ein großartiges Team, das mit seiner Revolution die Computerwelt für immer veränderte.

Meine Arbeit in der Macintosh Division hat mir gezeigt, welche Qualitäten großartige Teams mitbringen müssen. Alle Menschen, die eine Revolution anstreben, sollten darauf achten, daß ihre Teams die folgenden Voraussetzungen erfüllen:

Eine starke Persönlichkeit an der Spitze

Was ist legitime Autorität? Wissen, was man tut, mitteilen, was man tut, und von dem Team erwarten, daß es den Wert des eigenen Verhaltens und der eigenen Ideen steigert.[25]

Großartige Führungspersönlichkeiten sind widersprüchlich. Sie geben ihren Teams Anstöße, anstatt ihre Arbeit eigenmächtig zu steuern und zu kontrollieren. Sie verfolgen für das gesamte Team eine große Vision, gehen jedoch in der Realisierung dieser Vision nicht selbstherrlich vor. Sie betrachten alle Ergebnisse – nicht nur die angestrebten Resultate – mit Neugier und Interesse. Sie wissen, daß Glück ein hervorragender Innovator ist.

Im Umgang mit dem Rest des Unternehmens oder der Branche mutieren großartige Spitzenfiguren jedoch zu selbstsicheren Egomanen mit eisernem Willen. Sie brauchen diese Stärke und Sicherheit, da eine Reihe von Personen versuchen wird, sie zu zermürben: erstens der Rest des Unternehmens, der sich ein evolutionäres, kein revolutionäres Produkt wünscht, zweitens die Experten, die fest davon überzeugt sind, daß bestimmte Produkte einfach nicht hergestellt werden können, und drittens die Feiglinge, die befürchten, daß niemand das Produkt kaufen wird, selbst wenn man es herstellen kann.

Kurzum, revolutionäre Führungspersönlichkeiten müssen stärker darauf achten, wie sie selbst über sich denken, als darauf, was die Welt von ihnen hält.

Idealistische, arbeitseifrige Mitarbeiter ohne Referenzen

Großartige Teams bestehen aus Menschen, die den aktuellen Stand der Technik als einen Bruchteil dessen betrachten, was möglich sein könnte. Falls sich das Team der Macintosh Division durch eine Eigenschaft auszeichnete (abgesehen von seiner Arroganz), dann war es unser Idealismus. Wir *glaubten fest daran,* daß wir die Welt verändern könnten. Wir beschrieben unsere Arbeit (eine »Mission«, wirklich) mit Ausdrücken wie »wahnsinnig toll« und »der Computer für den Rest der Welt«.

Wenn ich mit einem Wort den idealen Schöpfer einer Revolution beschreiben müßte, so würde ich den Begriff

»Evangenieur« verwenden.[26] Dahinter verbirgt sich eine Kombination von Evangelist (siehe Kapitel 5: Fördern Sie Evangelisten, nicht den Absatz) und Ingenieur/Techniker – also eine Person, die die Welt verändern will und über die erforderlichen technischen Kenntnisse verfügt.

Wenn Sie mit dem Aufbau eines revolutionären Teams beginnen, dürfen Sie nicht der Versuchung erliegen, unterbeschäftigte oder leicht verfügbare Mitarbeiter zu rekrutieren, nur weil dies so schön einfach ist. Großartige Menschen arbeiten für gewöhnlich an bedeutenden Projekten mit und sind sehr eingespannt. Wenn Sie diese Leute davon überzeugen können, Ihrem Team beizutreten, so läßt das darauf schließen, daß an Ihrer Idee wirklich etwas dran ist.[27]

Die wichtigsten Eigenschaften von Mitgliedern eines revolutionären Teams sind ihre Kompetenz und ihre Leidenschaft. Ihre Abschlüsse oder ihre Berufserfahrung spielen keine Rolle – die meisten Techniker, die die grundlegende Entwicklungsarbeit für den Macintosh leisteten, hatten nicht einmal ihr Studium beendet.[27]

Außerdem müssen Sie ungeeignete Kandidaten abschrecken, nicht nur die richtigen zu sich hin locken. Die falschen Mitarbeiter treiben die richtigen hinaus, nicht umgekehrt! Sehen Sie nun, wie Hallmark Cards[28] die falschen Leute davon abzubringen versucht, sich um eine Stelle als Texter zu bewerben:

Willkommen beim Portfolio »Schreiben und Publizieren«. Wir freuen uns, daß Sie sich für Hallmark interessieren.

---

27 Eine Anmerkung: Wenn eine Person mit geeigneten Referenzen sagt, daß sich ein Projekt lohnt, dann lohnt sich das Projekt wahrscheinlich. Wenn die Person sagt, daß es sich nicht lohnt, lohnt es sich wahrscheinlich trotzdem.

28 <http://www.hallmark.com/>

Sie werden die nächsten Seiten dieser Arbeitsmappe entweder lieben oder hassen. Und beides ist in Ordnung.
Nehmen wir einmal an, Sie erledigen die in dieser Mappe enthaltenen Aufgaben und finden sie frustrierend, ärgerlich oder langweilig. Dann tun Sie sich einen Gefallen, und werfen Sie die Mappe in den Papierkorb. Sie sind soeben um einen Job herumgekommen, den Sie wahrscheinlich gehaßt hätten.
Falls Sie die Übungen jedoch anregend, interessant und spannend finden, dann geben Sie die Mappe in die Post. Sie sind vielleicht auf den Job gestoßen, den Sie lieben werden.

✍ Übung

Werfen Sie einen Blick auf die Ausbildungen oder Berufserfahrungen der Kollegen, deren Arbeit Sie am meisten schätzen. Können sie die beeindruckendsten Abschlüsse und Referenzen vorzeigen?

Klein, abgeschottet und schäbig

Großartige Teams zählen in der Regel nur wenige Mitarbeiter – insgesamt weniger als 50. (Es gibt nur wenige Beispiele für Teams von Hunderten von Personen, die revolutionäre Entwicklungen zustande gebracht haben.) Große Teams stehen revolutionären Produkten im Wege, weil diese Produkte ein hohes Maß an Unbeirrbarkeit, Einigkeit und glühender Leidenschaft erfordern.
Zunächst einmal müssen großartige Teams räumlich vom übrigen Unternehmen getrennt werden. Michael Stecyk, seit 20 Jahren bei der Pitney Bowes Inc. beschäf-

tigt, leitete das Team, das das äußerst erfolgreiche Pitney Bowes Personal Post Office Mailing Center (ein Versandzentrum) ins Leben rief. Dieses Produkt ist auf kleine Büros und Freiberufler zugeschnitten, also auf einen Markt, den Pitney Bowes aufgrund seiner Erfolge mit Großunternehmen bisher ignoriert hatte. Eine der wichtigsten Entscheidungen, die Stecyk fällte, basierte darauf, die vornehme Zentrale von Pitney Bowes zu verlassen und seine Division in einer Entfernung von 30 Meilen neu aufzubauen.[28]
Drei triftige Gründe sprechen für eine räumliche Trennung:

- Ein funktionsübergreifendes Team, das über die ganze Firma verstreut ist, wird keinen inneren Zusammenhalt entwickeln. Das Team braucht jedoch eine monomanische Bindung an den »göttlichen Auftrag«, der den Gesamtzielen des Unternehmens schlimmstenfalls sogar widersprechen kann.
- Geheimhaltung und Verschwiegenheit sind wichtig, um sich einen Vorsprung vor der Konkurrenz zu bewahren. Je mehr Leute durch einen Bereich trampeln, desto größer ist die Wahrscheinlichkeit, daß Geheimnisse durchsickern.
- Das Team braucht (oder will) in den frühen Entwicklungsphasen kein Feedback. Offen gesagt, handelt es sich bei ersten Prototypen meist um grauenhafte Produkte. Das Team benötigt Zeit und Raum, um sich ungestört durch die Mittelmäßigkeit boxen zu können.

Zweitens sollte das Team in ein schäbiges Gebäude mit schäbigen Möbeln gepfercht werden. Warum? Wie Professor Thomas J. Allen von der Sloan Management School herausgefunden hat, läßt die Kommunikation in Gruppen drastisch nach, wenn ihre Mitglieder mehr als dreißig Meter voneinander entfernt sind.[29]

Ein schäbiges Gebäude und schäbige Möbel sind erforderlich, weil Revolutionäre leiden müssen. Leiden schafft Verbundenheit, es erzeugt ein Gefühl von Dringlichkeit, und es richtet das Augenmerk des Teams auf den wichtigsten Aspekt: Liefern! Falls Sie sich jemals bei einem Team vorstellen, das sich als revolutionär ausgibt und Sie mit edlen, harmonisch aufeinander abgestimmten Herman-Miller-Möbeln[29] empfängt, dann ergreifen Sie im Laufschritt die Flucht (gehen wäre zu langsam!). Falls Sie dagegen ein schäbiges Gebäude mit schäbigen Möbeln, doch herrlich kreativen Arbeitsplätzen betreten, unterzeichnen Sie an Ort und Stelle Ihren Arbeitsvertrag.

Lockere und unreglementierte Atmosphäre

Falls ein Team über eine starke, revolutionäre Führungspersönlichkeit und ebensolche Mitarbeiter und Räumlichkeiten verfügt, ist nicht damit zu rechnen, daß dort eine formelle, von starren Reglements geprägte Atmosphäre herrscht. Dennoch möchte ich auf folgenden Umstand explizit hinweisen: Revolutionäre Teams benötigen lockere, unreglementierte Strukturen, in denen Menschen offen miteinander reden. Außerdem steht ihre Mission über bürokratischen Erwägungen oder der Firmenhierarchie.
Das heißt nicht, daß sich diese Strukturen auch dann noch eignen, wenn die Revolution ins Hauptgeschäft des Unternehmens oder der Branche eintritt. Sie sind jedoch mit Sicherheit erforderlich, um geeignete Mitarbeiter zu rekrutieren, Produkte zu kreieren und diese auf den Markt zu bringen.

29 <http://www.hermanmiller.com/>

Abbildung 3: Die Designabteilung von Hallmark Cards in ihren ersten Tagen

Abbildung 4: Kelly Barnetts Arbeitsplatz bei Hallmark Cards um das Jahr 1998. Welch große Veränderungen doch in einigen Jahrzehnten stattfinden können!

✍ Übung

Der Einkaufszentrum-Test. Wenn Sie überlegen, ob jemand in Ihr revolutionäres Team paßt, stellen Sie sich folgendes Szenario vor: Sie sehen die entsprechende Person in einem Einkaufszentrum, ohne daß Sie von ihr entdeckt wurden. Wie reagieren Sie?

- ***Sie eilen zu ihr herüber und begrüßen sie.***
- ***Sie überlassen ein Zusammentreffen dem Zufall.***
- ***Sie verstecken sich schnell in einem Geschäft.***

(Die Mitglieder Ihres Teams sollten in die erste Kategorie fallen.)

Großartige Verfahrensweisen

Die letzte Komponente einer Revolution sind großartige Verfahrensweisen: Wie geht ein Team vor, um eine Idee umzusetzen und in einem Produkt zu verwirklichen? Es folgt nun eine Beschreibung der sieben großartigen Praktiken, die Ihnen auf diesem Weg helfen.

#1 Trauen Sie sich, die Fehler bei bestehenden Produkten und Services aufzuspüren

Ein guter Ausgangspunkt für eine Revolution ist es, die Mängel der bestehenden Produkte und Dienstleistungen ausfindig zu machen, um dann auf großartige Weise Abhilfe zu schaffen. Zum Beispiel riefen die PCs der frühen 80er Jahre bei den Mitarbeitern der Macintosh Division nicht gerade Begeisterung hervor.
Damals waren Computer äußerst benutzerunfreundlich und viel zu teuer. Sie faszinierten Computerfreaks und Hacker, weil nur Computerfreaks und Hacker diese Rechner bedienen konnten. Sie kamen in Unternehmen

und Universitäten zum Einsatz, weil nur Unternehmen und Universitäten sich einen PC leisten konnten. Wenn wir uns damals nicht getraut hätten, die idealistische Überzeugung zu vertreten, daß Computer verbessert werden können und müssen, dann wäre Macintosh nie entstanden.

Revolutionen erwachsen nicht immer aus Not und Entbehrung.[30] Wie Henry Petroski ausführt, ist »eher der Luxus als die Entbehrung der Vater der Erfindung«.[30] Das heißt, daß Revolutionäre sich den Luxus leisten können, ein besseres Produkt, einen besseren Service oder eine bessere Welt zu ersinnen, weil sie die Möglichkeiten bereits erahnen.

#2 Hören Sie auf Ihr Gefühl

Hal Sperlich hatte eine Vision – ein Familienauto, das praktischer war als ein unhandlicher Kombi. Sein Traumauto besaß genügend Raum für Großeinkäufe und Fahrgemeinschaften, ließ sich jedoch gleichzeitig so bequem lenken wie ein Pkw und war mit Vorderradantrieb ausgestattet. Zu seiner Zeit (in den 70er Jahren) mußten Autofahrer sich zwischen Geräumigkeit und bequemer Handhabung entscheiden.

Übung

Verfrachten Sie Ihren Ehepartner, Ihre drei Kinder, die Großeltern, zwei Bekannte und sich selbst in einen Kombi.

30 In dieser Hinsicht unterscheiden sich geschäftliche Revolutionen drastisch von politischen Revolutionen.

Als Sperlich sich näher mit dem Konzept eines Minivan befaßte, stieß er bei seinen Vorgesetzten in der Ford Motor Company[31] auf erheblichen Widerstand. »Sie zweifelten daran, daß es für den Minivan einen Markt gab, weil das Produkt bisher gar nicht existierte«, erinnert sich Sperlich. »In der zehnjährigen Entwicklungszeit bat uns nicht eine einzige Hausfrau, endlich den Minivan zu erfinden. Die Skeptiker sahen darin einen klaren Beweis dafür, daß es dort draußen keinen Markt gab.«[31]

Sperlich legte wahre Revolutionärsqualitäten an den Tag: Er verließ sich auf seine Intuition und glaubte so fest an sein Produkt, daß er gefeuert wurde: »Henry Ford wollte sich einfach nicht darauf einlassen. Hal legte sich in jenen Tagen oft mit ihm an, auch in Gegenwart anderer Leute ...«, berichtet Lee Iacocca, damals leitender Angestellter bei Ford. Tatsächlich erteilte Henry Ford Iacocca die Anweisung, Sperlich vor die Tür zu setzen.[32]

Sperlich und Iacocca trafen später bei Chrysler[32] wieder zusammen, wo Sperlich den Minivan für seinen neuen Arbeitgeber entwickelte. Im Jahr 1983 führte Chrysler den Minivan ein und setzte pro Jahr eine halbe Million Fahrzeuge ab. Damit monopolisierte Chrysler einen Markt, an den die japanischen Konkurrenten noch keinen Gedanken verschwendet hatten. General Motors verfügte also damals über ein Minivan-Design und über Marktforschungen, die einen entsprechenden Bedarf aufzeigten, ließ die Idee jedoch sterben, da es an Mitteln,[33] Mut oder Visionen fehlte.

Merke: Setzen Sie Ihre Intuition und Ihr Gespür ein, um ein revolutionäres Produkt zu schaffen. Es fällt Men-

---

31 <http://www.ford.com/us/>
32 <http://www.chrysler.com/>

schen seit jeher schwer, sich Veränderungen zu wünschen, die über reine Verbesserungen bereits existierender Produkte hinausgehen. Die Marktforschung stellt einen erbärmlichen Katalysator für revolutionäre Produkte dar. So paradox das auch klingen mag, müssen Sie manchmal »hören«, was Leute sagen würden, wenn sie es nur besser wüßten.

Chrysler baute seinen Minivan, obwohl niemand nach einem Minivan gefragt hatte. Ebenso fragte seinerzeit niemand nach einem niedlichen kleinen Computer, der einen anlächelte, wenn man ihn einschaltete, der über ein Ding namens Maus gesteuert wurde und auf dem Bildschirm Icons statt Text präsentierte. Alle fragten nach einem schnelleren MS-DOS-Computer.

#3 Entwickeln Sie für sich selbst

Die ganze Sache nahm ihren Anfang, als meine Töchter noch klein waren und wir sonntags in den Park gingen. Ich hockte auf einer Bank, aß Erdnüsse, schaute mich um und dachte bei mir: »Warum kann es nicht einen schöneren Ort geben, wo wir hingehen und gemeinsam Spaß haben können?«

Walt Disney[34]

Warum wurde die Spülmaschine erfunden? Sie glauben wahrscheinlich, daß Menschen einfach Zeit sparen wollten: Spülmaschine einräumen, anschalten und sich anderen Tätigkeiten widmen. Weit gefehlt.

Josephine Cochrane, die Frau eines Politikers aus Illinois, erfand 1886 die Spülmaschine. Als reiche Frau beschäftigte sie viele Bedienstete, so daß es ihr nicht darum ging, Zeit zu sparen oder sich die Arbeit zu erleichtern. Vielmehr beobachtete sie besorgt, daß ihre Hausmädchen beim Spülen viel Geschirr zerbrachen – deshalb erfand sie das Gerät.

Josephine Cochrane erhielt viele Bestellungen von Hotels und Restaurants, weil ihre Spülmaschinen Zeit sparten und zudem weniger Teller zu Bruch gingen. Die findige Dame sah sich jedoch mit einem interessanten Problem konfrontiert: Privathaushalte betrachteten den Abwasch nicht als beschwerliche, unangenehme Aufgabe. Frau Cochrane überzeugte diese Kundengruppe daher mit dem Argument, daß die Spülmaschine wegen der Verwendung heißeren Wassers eine größere Sauberkeit erzielte.[35]

Wenn alles andere fehlschlägt, sollten Sie auf das Grundprinzip der Produktentwicklung zurückgreifen: Entwickeln Sie das Produkt, das Sie selbst gerne benutzen würden. So wissen Sie, daß Ihr Produkt zumindest einen treuen Kunden finden wird. Das ist immerhin ein Abnehmer mehr, als die meisten Marktforscher ausfindig machen würden.

#4 Kneten und backen

Als Jim Manzi Industry.net übernahm, schien ihm die Welt offen zu stehen. Als ehemaliger CEO der Lotus Development Corporation[33] hatte er alle Voraussetzungen, um der Revolutionär zu werden, der Zahlungen bei Tausenden von Online-Transaktionen ermöglichte. Alle entscheidenden Zutaten waren vorhanden: ein erstklassiger Entrepreneur und ein heißer Markt (E-Commerce im Internet).[36]

Er nannte das Unternehmen in Nets Inc. um, verließ den Standort Pittsburgh und bezog imposante Büros in Cambridge, Massachusetts. Er stellte Führungskräfte von Lotus ein und errichtete eine Infrastruktur aus 60

33 <http://www.lotus.com/>

Technikern, um die Software und Hardware zu verwalten, die auf ein enormes Transaktionsvolumen zugeschnitten war. Jim Manzi fusionierte sogar mit den New Media Services des Riesen AT&T.
Im Mai 1997 meldete Nets Inc. Konkurs an. Die *Burn Rate* des Unternehmens* lag in jener Zeit bei rund 1 Million Dollar pro Monat, doch der Umsatz reichte nicht aus, um die mit der Infrastruktur verbundenen Kosten zu tragen. Vielleicht war Manzi seiner Zeit zu weit voraus. Vielleicht hatte er sich mit seinem ehrgeizigen Projekt jedoch auch übernommen. Er hätte statt dessen kneten und backen sollen:

■ *Man gebe einige einfache und preisgünstige Zutaten in eine Rührschüssel, knete, backe und bringe das Produkt auf den Markt.*

Mit anderen Worten ausgedrückt: Bauen Sie einen Prototypen und gehen Sie mit diesem Ihren Weg.
Kagi Shareware[34] befolgte den vorgenannten Grundsatz. Das Unternehmen aus Berkeley, Kalifornien, das heute über 1 200 Shareware-Programmierer und ihre 3 400 Softwareprodukte repräsentiert, begann als Hobby von Kee Nethery. Als die Firma wuchs, spannte Nethery seine Frau, seinen Sohn und seine Freunde ein. In der ersten Phase arbeiteten die Mitarbeiter mit einfacher und billiger Software (HyperCard und Eudora), die auf einfachen und billigen Computern installiert wurde (ein Macintosh IIci und ein Macintosh Classic). Mit dieser Ausrüstung schuf Nethery einen Zahlungsservice für Transaktionen im Internet.

---

* Zerfallszeit des Investorenkapitals bei jungen Unternehmen im Silicon Valley, die Red.

34 <http://www.kagi.com/>

Das erste Büro fand im Schlafzimmer der Netherys Platz. Die Computerausrüstung stand auf einem Schreibtisch im Schlafzimmer, so daß Nethery zuerst seinen Stuhl aus dem Weg rollen mußte, wenn seine Frau sich ins Bett legen wollte. Er schätzt die Grundfläche von Kagis erstem »Büro« auf vier Quadratmeter. Einen zweiten Computer mußte er aus dem Schlafzimmer entfernen, da seine laute Lüftung den Schlaf der Netherys störte.
Kagi Shareware dient als Beispiel für Unternehmen, die klein beginnen und sich mit eigener Kraft und bescheidenen Ressourcen zu erfolgreichen Marktgrößen entwickeln. Der Vergleich von Nets Inc. und Kagi Shareware illustriert, daß es Firmen nicht immer bekommt, über ungeheure Summen Geldes zu verfügen. Wie Nethery erklärt, »neigen Firmen mit zuviel Kapital und zuwenig realen Erfahrungen dazu, imaginäre Probleme zu lösen«.

#5 Gehen Sie kleine Schritte, und überlassen Sie den großen Wurf dem Zufall

Die Entwicklung von Kagi Shareware veranschaulicht eine weitere großartige Verfahrensweise: Konzentrieren Sie sich auf kleine Fortschritte, und überlassen Sie den großen Wurf dem Zufall. Nets Inc. verfolgte ein äußerst ehrgeiziges Ziel, als es eine umfassende Infrastruktur von Mitarbeitern, Computern und Software errichtete. Das Unternehmen Kagi wollte dagegen schlichtweg überleben und sich einen Geschäftsbereich sichern.
Es ist nicht Ihr Geld, warum also nicht den großen Wurf versuchen? Nennen Sie mich altmodisch, aber man sollte Geld niemals zum Fenster hinauswerfen – weder das eigene noch das Geld anderer Leute. Kagi verwirklichte anfangs vielleicht nur kleine Ziele, schritt jedoch stetig voran und sammelte Punkte. Nets Inc. ist aus dem Spiel.

Die meisten großen Geschäftserfolge begannen mit einem kleinen Schritt, wobei auch Glück und gutes Timing eine Rolle spielten. Jeder Baseball-Trainer wird Ihnen erzählen, daß ein ideales Team aus soliden Schlägern besteht, nicht aus Spielern, die ab und an einen Home Run erzielen.
Auch Richard Sears verbuchte zunächst einen kleinen Erfolg, als er 1886 eine Lieferung Armbanduhren verkaufte, deren Abnahme ein Juwelier in North Redwood, Minnesota, verweigert hatte.[37] Zu jener Zeit arbeitete Sears für die Eisenbahn und hatte durch die Bearbeitung von Bahnfrachtbriefen einen Einblick in die Preisgebung für verschiedene Waren gewonnen.
Sears kaufte die Uhren für einen Stückpreis von 12 Dollar und verkaufte sie für 14 Dollar/Stück an Bahnbedienstete anderer Bahnhöfe, die den von ihnen erzielten Verkaufsgewinn gänzlich behalten durften. In den ersten sechs Monaten verdiente Sears 5000 Dollar.[38] Auf der Grundlage dieses kleinen Erfolgs konzipierte er die Strategie »Gewinn durch Masse«, die sich zu dem großen Wurf namens Sears entwickelte.

#6 Ignorieren Sie Bedenkenträger

Die Verteidiger des Status quo werden Ihnen mit Sicherheit erzählen, daß die Umsetzung Ihrer Idee nicht möglich oder unnötig ist. Schließlich haben sie den Status quo aufgebaut und werden jetzt von Ihnen angegriffen! Wer eine Revolution schaffen will, muß Bedenkenträger daher unbedingt ignorieren. Es folgt eine Aufzählung der Personengruppen, von denen Sie sich auf keinen Fall beirren lassen dürfen.

Bedenkenträger #1: Kunden und Marktforscher

»In Fokusgruppen entstehen unzählige Wortgefechte, und es kommt zu starken Beeinflussungen. Wenn Sie es nicht gerade darauf anlegen, ist ihr Einsatz für den menschlichen Gebrauch zu gefährlich.«

Geoffrey Moore

Kunden und Marktforscher unterstützen schlechte Produkte (*New Coke* zum Beispiel) und geben über gute Dinge vernichtende Urteile ab. Wenn Sie einem Kunden offene Fragen stellen wie »Was würden Sie sich wünschen?« oder »Würden Sie ... benutzen?«, so erhalten Sie garantiert mittelmäßige Resultate. Schon aus Bequemlichkeit bevorzugen Personen Produkte, die ihnen vertraut sind, anstatt sich für bahnbrechende Innovationen zu begeistern.

Obwohl Umfragen darauf hindeuteten, daß es keinen Bedarf an zusätzlichen TV-Sendern gab, machte sich Medienmogul Barry Diller ans Werk und gründete Fox Broadcasting.[35] Diller nahm in der Zeitschrift *Fortune* zu diesem Punkt Stellung: »Wir sind zu Sklaven der Demographie, der Marktforschung und der Fokusgruppen geworden. Wir lassen uns von Zahlen vorschreiben, was wir zu produzieren haben. In diesem schnellebigen Geschäft verlieren unsere Sinne nach und nach an Wahrnehmungskraft, und unsere Instinkte verblassen, abgestumpft durch die ständige Absicherung aller Handlungen.[39]

Führen Sie sich einmal vor Augen, was Verbraucher dem Unternehmen Polaroid[36] zu seiner neuartigen Kamera erzählt hätten, deren Preis den der Kodak Baby Brownie um das 30fache überstieg.[40] Oder was hätte sich Fede-

35 <http://www.fox.com/>
36 <http://www.polaroid.com/>

ral[37] Express zu einer Versandart anhören müssen, die 150mal so teuer war wie eine Briefmarke?[41]

Bedenkenträger #2: Kritiker und »Schwexperten«[38]

Charles Kettering, der legendäre, für General Motors[39] arbeitende Erfinder, fand die richtigen Worte:

Wenn ich ein Forschungsprogramm abbrechen möchte, brauche ich nur ein paar Experten auf den Plan zu rufen. Diese werden nämlich unweigerlich behaupten, daß es idiotisch war, überhaupt mit der Forschung zu beginnen.[42]

In einem klassischen Schwexperten-Schnitzer lehnte IBM[40] die von Haloid angebotenen Verkaufsrechte für den Papierkopierer ab, der später als Xerox-Kopierer vertrieben werden sollte. Als Haloid IBM im Jahr 1959 das entsprechende Angebot unterbreitete, zog IBM eine namhafte Consultingfirma zu Rate. Nach dreimonatiger Forschung empfahlen die Berater, die Technologie nicht zu kaufen, da sie das weltweite Absatzpotential für einen Normalpapierkopierer auf weniger als 5 000 Stück schätzten.[43]

Doch auch Xerox[41] fiel den Schwexperten zum Opfer. Auf die Empfehlung einer Unternehmensberatung hielt sich Xerox aus dem Kleinkopierergeschäft heraus. Statt dessen überließ man es den Japanern, den Kopierer drastisch zu verkleinern, was bei Xerox prompt zu einem 50prozentigen Rückgang seines Marktanteils führte.

Menschen halten jedoch nicht nur die Erfindungen anderer Leute für ungeeignet, sondern sie unterschätzen manchmal auch ihre eigenen Ideen:

---

37 <http://www.fedex.com/>

38 Ein Schwexperte ist eine riskante Mischung aus Schwachkopf und Experte.

39 <http://www.generalmotors.com/>

40 <http://www.ibm.com/>

41 <http://www.xerox.com/>

Der Tonfilm wird den üblichen Stummfilm nicht ersetzen... Es wird soviel in Stummfilme investiert, daß es absurd wäre, diesen Investitionsstrom zu stören.[44]
Thomas Alva Edison bei der ersten öffentlichen Vorführung seines Tonfilmgeräts, 1913

Bedenkenträger #3: Ihr eigenes Unternehmen

Revolutionäre, die in einem laufenden Geschäftsbetrieb arbeiten, werden zustimmen, daß sie (paradoxerweise) oftmals die eigenen Kollegen ignorieren müssen. Hier sind drei typische Beispiele:

- **Techniker.** Manch eine Gelegenheit blieb ungenutzt, weil technikverliebte Ingenieure »das perfekte Produkt« herstellen wollten. Gelegentlich müssen Sie Techniker ignorieren, die dem Produkt noch dieses oder jenes Merkmal hinzufügen wollen, oder ein Wettbewerber erobert den Markt.
- **Verkauf.** Das Vertriebspersonal eines Unternehmens denkt normalerweise nur bis zum Ende des Quartals, an dem die Verkaufszahlen stimmen müssen. Für gewöhnlich unterstützen sie die Forderung der Kunden, bereits existierende Produkte weiterzuentwikkeln und die Preise zu senken.
- **Management.** Je höher Sie in einem Unternehmen gehen, desto dünner wird die Luft – keine idealen Bedingungen für intelligente Lebewesen! Sie müssen daher eventuell auch Menschen ignorieren, die in der Hierarchie weit oben stehen und mit ihrer eingeschränkten Geisteskraft nur den Status quo begreifen.

Es folgt ein anregendes Beispiel dafür, wie man sich über das eigene Management hinwegsetzen kann: 1929 leistete Werner Forssman wahre Pionierarbeit auf dem

Gebiet der Herzkatheterisierung beim Menschen.[45] In der Fachzeitschrift *Medicine* wurde sein Vorgehen wie folgt beschrieben:

Forssman fesselte seine Assistentin an einen Operationstisch, damit diese ihn nicht an seinem Vorhaben hindern konnte. Dann führte er – entgegen den strikten Anweisungen seines Abteilungsleiters – einen Blasenkatheter in eine Vene seines Arms ein, schob diesen zum rechten Herzvorhof hoch und marschierte zur Röntgenabteilung, wo er zum Beweis eine Röntgenaufnahme machte.[46]

Bedenkenträger #4: Die Konkurrenz

Wenn das Hauptaugenmerk auf der Frage liegt, wie die Konkurrenz geschlagen werden kann, wird die Strategie zwangsläufig vor allem im Hinblick auf die Mitbewerber definiert.[47]

Kenichi Ohmae, *The Borderless World*

Nehmen Sie sich folgenden Rat zu Herzen: Revolutionäre sollten ihre Mitbewerber zwar beobachten, jedoch nicht davon ausgehen, daß diese wissen, was sie tun, und sie in diesem Glauben imitieren. (Wer jemals einen Job bei einem Konkurrenten annimmt, wird wahrscheinlich verblüfft feststellen, wie unorganisiert sein neuer Arbeitgeber ist.)

Yamaha[42] ignorierte den Wettbewerb, als es ein digitales Klavier produzierte, während die gesamte Konkurrenz entweder nur herkömmliche Klaviere oder nur Synthesizer herstellte. Doch traditionelle Klaviere verfügten nicht über die musikalischen Funktionen eines Synthesizers, und Synthesizer waren zu häßlich, um in einem Wohnzimmer aufgestellt zu werden.

---

42 <http://www.yamaha.com/>

Yamaha setzte sich über die konventionellen Auffassungen seiner Konkurrenten hinweg und erweiterte das traditionelle Klavier um die Funktionen eines Synthesizers. Auf diesem Wege expandierte Yamaha seinen Markt auf Kunden, die jeweils die Vorteile der digitalen und analogen Technologie nutzen wollten. Dank dieser Strategie preschte Yamaha an den anderen Klavierherstellern vorbei, die sich noch immer auf die Herstellung verschiedener Variationen von herkömmlichen Klavieren konzentrierten.[48]

#7 Stehen Sie mutig zu Ihrer Idee

Die Empfehlung »Hören Sie auf Ihr Gefühl«, die wir weiter oben an dem Beispiel des Minivan von Chrysler erläutert haben, legt nahe, mit Hilfe der eigenen Intuition Produkte zu kreieren, nach denen niemand gefragt hat.
Wenn Sie nun auf Ihr Gefühl gehört und ein Produkt oder einen Service geschaffen haben, müssen Sie auch den Mut besitzen, sich offen und mutig für Ihre Kreation einzusetzen.
Corning[43] errichtete z. B. eine Fertigungsstätte für Glasfaser, bevor es für dieses Produkt überhaupt einen Markt gab.[49] »Wir waren sicher, daß unser Produkt Abnehmer finden würde«, erklärt Don Keck, der Erfinder der ersten verlustarmen Glasfaser. »Wir hatten die Vision, daß unsere Faser früher oder später das Kupferkabel ersetzen würde.«
1982, nach der Deregulierung der amerikanischen Telekommunikationsbranche, wurde MCI gegründet und erteilte Corning den ersten Auftrag. Heute verdrängt die Glasfaser das Kupferkabel in Fernsprechnetzen und beim Kabelfernsehen, und viele Versorgungsbetriebe

43 <http://www.corning.com/>

setzen auf Glasfasertechnik, um ihre Anlagen und Netze zu überwachen und Störungen zu lokalisieren.
Nota bene: Bei allem Respekt vor kühnem Unternehmertum kann es auch riskant sein, mutig zu einer Idee zu stehen. Es hilft, wenn man (wie im Falle Corning) einem etablierten Unternehmen angehört, das große Risiken auf sich nehmen kann. Ein etabliertes Unternehmen besitzt jedoch wahrscheinlich nicht den Mut, sich auf Wagnisse einzulassen. Ein junges, auf ein Einzelprodukt fokussiertes Unternehmen muß für gewöhnlich vorsichtig vorgehen – siehe hierzu den Punkt »Kneten und backen«.

Der Größenordnungstest

Jetzt, da Sie wissen, wie Sie mit großartigen Mitarbeitern und großartigen Praktiken ein großartiges Produkt erzeugen, lautet die abschließende Frage: »Wann hören wir auf, uns über eine etwaige miese Qualität Sorgen zu machen und liefern endlich aus?«
Ein Klugredner könnte Ihnen die folgenden Antworten präsentieren: »Wenn Ihnen das Geld ausgeht« oder »Wenn Sie von Ihren Kapitalgebern dazu aufgefordert werden.« Hoffentlich geben nicht diese beiden Umstände den Ausschlag dafür, daß Sie Ihr Produkt auf den Markt bringen. Wenn doch, scheint bei Ihnen sowieso alles außer Kontrolle geraten zu sein.
Machen Sie statt dessen den Größenordnungstest: Ihre Produkte oder Dienste können ausgeliefert werden, wenn sie neue Wertangebote versprechen, die den Stand des Marktes zur nächsten Kurve treiben. Eine Verbesserung des Status quo um 10 Prozent, 50 Prozent oder selbst 500 Prozent ist nicht genug. Ihre Revolution muß eine Verbesserung um mindestens 1000 Prozent bewirken.

Um festzustellen, ob Sie eine derartige Optimierung erreicht haben, vergleichen Sie Ihr Produkt am besten mit Beispielen aus der Geschichte. Fragen Sie Ihre Kollegen und sich selbst, ob Ihr neues Produkt oder Ihre neue Dienstleistung einen ebensolchen Entwicklungssprung präsentiert wie die folgenden Beispiele:

Alt	**Neu**
Bananenblätter	Plastiktüten
Rechenschieber	Taschenrechner
Typenraddrucker	Laserdrucker
MS-DOS	Macintosh
Raupe	Schmetterling
Zusammengeknüllte Zeitung	Toilettenpapier

Übung

Kaufen Sie in Ihrer Buchhandlung Registerpapier. Bitten Sie dann Ihre Buchhalter, »einige Zahlenreihen einzutragen«. [50]

Es gibt eine zweite Methode, um herauszufinden, ob Sie den Größenordnungstest bestehen: Fragen Sie Ihre Kollegen und sich selbst, ob Sie sich ein Leben ohne Ihr neues Produkt oder den neuen Service noch vorstellen können.[51] Lange bevor der Macintosh ausgeliefert wurde, hätten wir ihn bei unserer täglichen Arbeit in der Macintosh Division absolut nicht mehr missen wollen (z. B. beim Verfassen von Marketingplänen). Wir liebten unser Produkt und wollten nicht mehr darauf verzichten.

Wenn Ihr Produkt diese Hürden nimmt, werden die revolutionären Vorteile etwaige unbedeutende, vorübergehende Mängel derart überwiegen, daß Sie moralisch zur Auslieferung verpflichtet sind.

Lektüre für Revolutionäre

The Design of Everyday Things, Donald A. Norman, Doubleday, 1990, ISBN: 0385267746

The Evolution of Useful Things, Henry Petroski, Vintage Books, 1994, ISBN: 0679740392 (Messer, Gabel, Reißverschluß. Die Evolution der Gebrauchsgegenstände, Birkhäuser, 1994, ISBN: 3-7643-2914-9)

Marketing High Technology – An Insider's View, William H. Davidow, Free Press, 1986, ISBN: 002907990X

The Power of Product Platforms – Building Value and Cost Leadership, Marc H. Meyer und Alvin P. Lehnerd, Free Press, 1997, ISBN: 0684825805

Skunk Works – A Personal Memoir of My Years at Lockheed, Ben R. Rich und Leo Janos, Little Brown & Company, 1996, ISBN: 0316743003

To Engineer Is Human – The Role of Failure in Successful Design, Henry Petroski, Vintage Books, 1992, ISBN: 0679734163

Kapitel 3: Lern, Baby, lern

Sich zu verbessern heißt, sich zu verändern; perfekt zu sein heißt, sich oft zu verändern.
Winston Churchill

Besser ist besser

Im letzten Kapitel habe ich Ihnen »Don't worry, be mies« empfohlen. Das heißt jedoch nicht, daß Sie mies *bleiben* sollen. Hören Sie darauf, was die Frühadopter (Early Adopters) zu Ihrem revolutionären Produkt[44] sagen und optimieren Sie es entsprechend. Denn das Bessere ist des Guten Feind, und kontinuierliche Optimierungen sind unerläßlich.

Ich machte diese Erfahrung zum ersten Mal im Jahr 1985, also ein Jahr nach der Einführung des Macintosh. Nachdem wir 1984 ungefähr 250 000 Macintoshs abgesetzt hatten, wurde 1985 deutlich, daß sich der Markt von Computerfreaks und Idioten, die alles kaufen, erschöpfen würde. Es war somit an der Zeit, den mächtigen Macintosh zu verbessern und einige seiner offenkundigen Mängel anzugehen. Vier Gründe hielten uns damals davon ab:

- Wir wollten partout nicht zugeben, daß unser Baby nicht vollkommen war. Statt dessen redeten wir uns ein, daß der Markt unser Produkt einfach nicht verstand (eine bemerkenswert dumme Haltung). Wir dachten, wir könnten fliegen, doch wie stellt der Cowboy Woody in dem Film *Toy Story* so treffend fest? »Das war kein Flug. Das war stilvolles Fallen.«
- Wir waren völlig ausgebrannt. Viele Mitglieder der Macintosh Division hatten jahrelang unter extremem Druck rund 70 Stunden pro Woche gearbeitet (und dies geliebt, so dachten wir). Wir waren körperlich und geistig erschöpft.

44 Es mag den Anschein haben, als würde ich mir hier widersprechen, da ich Ihnen geraten habe, die Marktforschung zu ignorieren. Das bezog sich jedoch auf die Entwicklung eines Produkts, nicht auf seine Verbesserung.

- Wir stellten fest, daß eine Überarbeitung der Revolution nicht annähernd so viel Spaß machen würde wie ihre Entwicklung. Jede zusätzliche Änderung – Farbe, Steckplätze, Entwicklungstools und Fehlerbeseitigung – war zwar wichtig, jedoch nicht im entferntesten so reizvoll wie die Herstellung der ersten Produktversion.
- Wir waren jung, unreif und naiv. Obwohl diese Eigenschaften uns in die Lage versetzten, gegen den Status quo von MS-DOS anzutreten, mußten wir folgendes erst noch lernen: Die Geschwindigkeit, mit der man sich bewegt, ist wichtiger als die aktuelle Position.

Unsere Nemesis, Microsoft[45] (wo Qualität Aufgabe 1.1[52] ist), leistet dagegen exzellente Optimierungsarbeit. Windows lag anfangs meilenweit hinter uns, bewegte sich jedoch schneller vorwärts. Ein Freund sagte einmal zu mir: »Wer da zögert, ist DOS.«[53]

---

45 <http://www.microsoft.com/>

Version	**Datum der Pressemitteilung**	**Funktionalität**
Keine Versionsnummer angegeben	28. Juni 1985	»Microsoft Windows ist eine Erweiterung des MS-DOS-Betriebssystems . . .«[46]
Keine Versionsnummer angegeben	20. November 1985	640K-Barriere überwunden durch Anwendungsswapping
1.03	29. August 1986	Zusätzliche Gerätetreiber, AT&T 6300 Computer und Support für MS-DOS 3.2
2.0	2. April 1987	Überlappende Fenster, neue visuelle Erscheinung kompatibel mit Windows Präsentationsmanager von Microsoft Betriebssystem OS/2
Windows/386	23. September 1987	Multitask-Betrieb von mehreren MS-DOS-Anwendungen; Einsatz von Erweiterungsspeicher ohne zusätzliche spezielle Hardware; Kopieren und Einfügen zwischen offenen Anwendungen.

46 Pressemitteilung von Microsoft, 28. Juni 1985

Version	Datum der Pressemitteilung	Funktionalität
2.0	9. Dezember 1987	Zwei- bis vierfache Geschwindigkeitssteigerung; Support für Erweiterungsspeicher; optimierter Datenaustausch für MS-DOS-Anwendungen.
3.0	22. Mai 1990	Systemeigene Proportionalschriften; 3D-Bildlaufleiste und Befehlsschaltflächen; bunte Icons; Benutzershell, damit Benutzer sich nicht mehr mit DOS-Befehlen befassen müssen; einstellbarer Desktop; vom Benutzer herstellbarer Bildschirmhintergrund; benutzerbestimmbare Bildschirmfarben; bis zu 16 MB Arbeitsspeicher; Desktop-Zubehör.
3.1	6. April 1992	Kontextsensitive Hilfefunktion; benutzerbestimmbare Auswahl der Startup-Anwendung; Objektverknüpfung und -einbettung (OLE) für Anwendungen, um Zusammenarbeit zu harmonisieren; verbesserter Netzwerksupport; dynamisches Download von Schriftarten und einheitlicher Druckertreiber.

▶

Version	**Datum der Pressemitteilung**	**Funktionalität**
Windows NT	24. Mai 1993	Betriebssystem für Client-Server-Anwendungen.
Windows for Workgroups 3.11	8. November 1993	Verbesserter Support für Novell NetWare und Windows NT.
Windows NT Server 3.5	13. September 1994	Erhöhte Schnelligkeit, geringere Größe und bessere Vernetzungsmöglichkeiten.
Windows NT Server 3.51	12. Juni 1995	Support für PowerPC-Chips; optimierte Tools zur Netzverwaltung; Support für Common Controls and Dialogs von Windows 95.
Windows 95	24. August 1995	Bill Gates:»Windows 95 erschließt neues Rechnerpotential ... Die Arbeit am Computer wird einfacher und macht mehr Spaß. Windows 95 gibt Privatpersonen und Unternehmen die Möglichkeit, mehr mit einem Computer anzufangen, als je möglich war.«[47]

47 Pressemitteilung von Microsoft, 24. August 1995

Verbesserungen sind unvermeidlich

Rein theoretisch sollten Revolutionäre einen Prototypen perfektionieren, bevor er zum ersten Mal ausgeliefert wird. Im wahren Leben stößt der Revolutionär jedoch auf zwei Stolpersteine:

Zunächst einmal lassen sich viele Probleme im Vorfeld gar nicht erkennen. Sie können es mit einer Fokusgruppe versuchen, doch Fokusgruppen sind saubere, ordentliche Veranstaltungen, und die reale Welt ist chaotisch. Die Teilnehmer einer Fokusgruppe müssen sich im Geiste ausmalen, wie sie ein Produkt benutzen würden. Dabei sitzen sie gemütlich beieinander, und das Gespräch wird von einem Profi gelenkt. Sie haben das Gefühl, eine Meinung kundtun zu müssen, da sie für die Teilnahme an dem Gruppengespräch bezahlt worden sind. Die wahre Testphase beginnt dann, wenn ein Kunde sein hart verdientes Geld für Ihr Produkt ausgibt und seine Kinder es die Treppe hinunterwerfen, im Regen stehen lassen und der Hund sein Geschäft daran verrichtet.

Zweitens müssen Mitarbeiter das von einem Produkt oder Dienst verursachte Leid sehen (oder am eigenen Leibe spüren), bevor sie sich mit Verbesserungsmaßnahmen befassen. Negative Kommentare von Fokusgruppen und frühe Kundentests erzeugen keine Handlungsbereitschaft, da Mitarbeiter negative Kommentare nur allzugern herunterspielen (bzw. die Realität leugnen). Sie können Ihnen deswegen nicht einmal einen Vorwurf machen, da die meisten revolutionären Produkte und Dienstleistungen anfangs auf Ablehnung stoßen. Sobald Sie Ihr Produkt ausliefern, nimmt das Leid des Kunden jedoch reale Züge an. Das ist der Zeitpunkt, von dem an kontinuierliche Optimierungen gefragt sind.

Um offen für Verbesserungen zu sein, müssen Sie den Tatsachen ins Auge blicken: Die erste Version Ihres Produkts wird nicht perfekt sein. Dieser Fakt stellt eine bedeutende Hürde für junge, idealistische Revolutionäre dar. Um im richtigen Augenblick Verbesserungen vornehmen zu können, müssen Sie sich den ersten Lehrsatz der kontinuierlichen Optimierung ins Gedächtnis rufen: »Stellen Sie sich auf Verbesserungen ein«.

Nicht mit Mängeln zu rechnen und davon auszugehen, daß ein Produkt entweder vollkommen oder die Kundschaft dumm genug ist, jeden Schrott zu kaufen, scheint eine typisch amerikanische Sichtweise zu sein. Ein leitender Manager einer Sony-Forschungsstätte brachte einmal seinen Eindruck von der amerikanischen Geschäftswelt als Graphik zu Papier. Es entstand ein lineares Modell.[54]

Man erträume ein Konzept, überlasse den Technikern die Konstruktion, überlasse dem Marketingpersonal den Verkauf und bringe es an den Kunden.

Die amerikanische Methode

Konzept → Konstruktion → Marketing → Kunde

Zur Veranschaulichung des japanischen Modells zeichnete er einen Kreis:

Man beginne mit einer Idee, führe die Idee durch Konstruktion und Produktion, bringe sie an den Kunden, der seinerseits Feedback übermittelt. Dann ändere man das Produkt, sende es zurück an den Kunden und wiederhole den Kreislauf.

Die japanische Methode

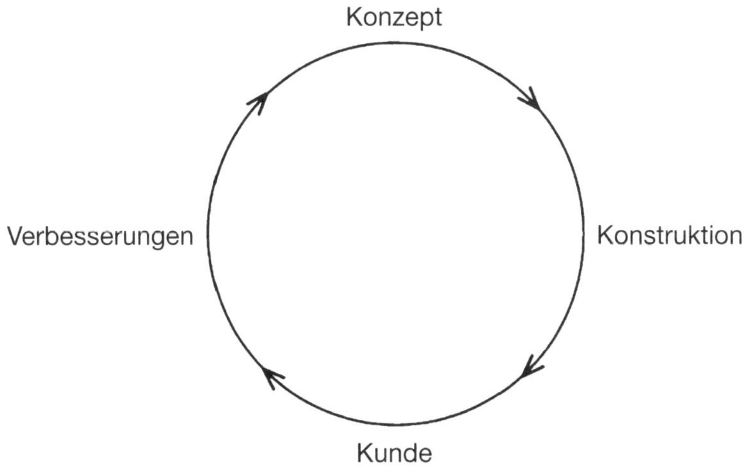

Kontinuierliche Verbesserung ist das japanische Modell, auch wenn man argumentieren könnte, daß dieses Modell auf Erkenntnissen des Amerikaners W. Edwards Deming beruht. Gefordert ist die beständige Überarbeitung des Produkts, wobei zwei Ziele zu berücksichtigen sind: den Kunden glücklich zu machen und den Wettbewerbsvorsprung zu bewahren.

Übung

Bitten Sie Ihre Angestellten, eine Graphik von Ihrem Produktentwicklungsprozeß anzufertigen.

Frühzeitig Fehler machen, doch lange leben

Als Disneyland im Jahr 1955 die Pforten öffnete, präsentierte sich der Vergnügungspark in einem katastrophalen Zustand. Die Fahrgeschäfte funktionierten nicht, es gab nicht genügend Trinkwasserbrunnen, und Frauen blieben mit ihren hochhackigen Schuhen in dem noch weichen Asphalt stecken. Unverzagt machte sich Walt an die Arbeit und behob jeden Mangel, bis er die beliebteste Touristenattraktion der Welt vorzeigen konnte.[55]

Lektion #2 der kontinuierlichen Verbesserung lautet: »Frühzeitig Fehler machen, doch lange leben.«

Niemand nimmt sich bewußt vor, Fehler zu machen, doch es kommt immer wieder vor. Da Mängel also im Bereich des Möglichen liegen, ziehen erfolgreiche Unternehmen wie Disney es vor, ihre Fehler frühzeitig zu machen. Diese Unternehmen besitzen die Weitsicht, das Stehvermögen und die Geduld, ihre Produkte oder Dienstleistungen zu korrigieren. Auch die Fernsehstation MTV[48] dient hier als Beispiel.

1981 kam MTV als 24stündiger Musikvideosender auf den Markt, der die Fernsehwelt auf den Kopf stellte. Rückblickend könnte man vermuten, daß MTV von der ersten Stunde an hohe Einschaltquoten verbuchte, doch das ist nicht der Fall. MTV erzielte einen derartigen Erfolg, weil es seine Mängel schnell behob.

In dem Buch *New Product Success Stories* beschreiben David J. Benjack und J. Michael MacKeen den Markt für MTV mit folgenden Worten: »Junge Konsumenten brauchten neue Musik, Plattengesellschaften mußten sich von den nach der Discowelle verzeichneten Umsatzeinbrüchen erholen, und Kabelprogramme mußten ihr Angebot auffrischen.«[56]

MTVs Fähigkeit, sein Programm kontinuierlich neu zu definieren und seine Geschäftsstrategien an den sich ständig wandelnden Markt anzupassen, zeigt auf, wie wichtig es ist, die Implikationen des eigenen Handelns zu analysieren und Korrekturen vorzunehmen. MTV nahm z. B. folgende Änderungen vor:

48 <http://www.mtv.com/>

- Als der Sender MTV eingeführt wurde, konnte sich Gründer Robert Pittman folgenden Eindrucks nicht erwehren: »Die Show ähnelte zu sehr dem herkömmlichen Fernsehprogramm, und es fehlte die Begeisterung und Respektlosigkeit, die mit Rock 'n' Roll assoziiert wird.« Daraufhin wurde das Studio so umgestaltet, daß es eher dem Zimmer eines musikbegeisterten Teenagers glich – vollgepackt mit Rock 'n' Roll-Accessoires.
- Auch die Moderatoren, »Veejays« genannt, änderten in den ersten Jahren die Art ihrer Auftritte. Anstatt lediglich die nächsten Stücke anzukündigen, entwickelten sie ihre eigenen »Persönlichkeiten«, spielten ihren eigenen Musikstil und zogen ein bestimmtes Publikum an. Da MTV auch auf Ideen und Talente der Radiobranche zugriff, war der Sender nicht ausschließlich an die traditionellen Werte der Fernsehproduktion gebunden. Der avantgardistische Stil von MTV verführte selbst Spitzenregisseure aus Hollywood dazu, Musikvideos zu drehen.
- Da MTV sich in erster Linie auf ein weißes Vorstadtpublikum ausrichtete, brachte es anfangs keine Videos von schwarzen Künstlern und hielt ein strenges »Rock 'n' Roll«-Format ein. Im Jahr 1983 handelte sich der Sender jedoch eine Klage ein, weil er Michael Jacksons Video *Beat It* nicht vorgestellt hatte. Kurz darauf präsentierte MTV die Premiere von Jacksons *Thriller* und erweiterte von nun an seinen Programmrahmen um schwarze Interpreten und andere Musikmärkte.
- Pittman beschloß, den Markt zu segmentieren und ein Programm für etwas ältere Zuschauer, d. h. für ein Publikum zwischen 30 und 40 Jahren, ins Leben zu rufen. 1984 kaufte Pittman Ted Turners gescheiterten Musikvideokanal auf und schuf VH-1. Mit diesem Schritt stellte Pittman sicher, daß MTV das genannte Marktsegment eroberte, bevor ein Wettbewerber auf

den gleichen Gedanken kam. Mit Hilfe von VH-1 konnte MTV seinen gesamten Marktanteil weiter ausbauen.

- MTV begann, themenbezogene Programme anzubieten, die auf verschiedene Marktsegmente zugeschnitten waren: *Yo! MTV Raps* für Rapmusik, *Club MTV* für Dance Music und *MTV Unplugged* für akustische Versionen von Musikstücken. Spätere Innovationen umfaßten ein Nachrichtensegment, eine Game Show namens *Remote Control* und die Serie *Beavis and Butthead.*

Übung

Kramen Sie Ihre alten Pressemitteilungen, Marketingpläne oder technischen Spezifikationen hervor und vergleichen Sie diese mit aktuellen Versionen. Wie sehr hat sich Ihr Produkt verändert?

Benutzen Sie Ihre eigenen Produkte

Porsche[49]-Techniker fahren über eine schmale Landstraße nach Weissach, dem Standort von Porsches Entwicklungszentrum. Die holprige Straße weist viele Schlaglöcher, Senken und Kurven auf und hat sich zu Porsches inoffizieller Teststrecke entwickelt. Als die Gemeinde eine Ausbesserung der Straße plante, überzeugten Porsche-Ingenieure die zuständigen Beamten davon, die Idee fallenzulassen.[57] Sie befolgten – bewußt oder unbewußt – die dritte Lektion der kontinuierlichen Verbesserung: »Benutzen und testen Sie Ihre eigenen Produkte.«
Der Gebrauch der eigenen Produkte bestätigt wahrscheinlich am deutlichsten, wie notwendig eine konti-

49 <http://www.porsche.com/>

nuierliche Optimierungsarbeit ist. Kelly Johnson, der Leiter von Lockheeds berühmten Skunk Works,[50] erklärte einmal, warum er seine Testpiloten auf Testflügen begleitete:

Ich dachte, ich müßte einmal im Jahr furchtbare Angst ausstehen, um mir einen wirklichkeitsnahen Ansatz für die Konstruktion neuer Flugzeuge zu bewahren.[58]

Abbildung 5: Einige der revolutionären Flugzeuge, die von den Skunk Works entwickelt wurden

Johnson sollte sich mit revolutionären Produkten auskennen – schließlich blicken die Skunk Works auf eine über fünfzigjährige Geschichte der Entwicklung von innovativen Maschinen zurück, einschließlich der U-2, SR-71, F-117A und YF-22. Zur Veranschaulichung werden nun vier Unternehmen vorgestellt, deren Mitarbeiter

50 <http://www.lmsw.external.lmco.com/lmsw/html/index.html>

– in einigen Fällen hohe Firmenpersönlichkeiten – mit großem Erfolg ihre eigenen Produkte verwenden.

✍ Übung

Besuchen Sie Ihre Web Site über ein 28.8K-Modem. Extrapunkte: Besuchen Sie Ihre Web Site über America Online und ein 28.8K-Modem.

Life Sciences Corporation. Die Life Sciences Corporation mit Sitz in Rockville,[51] Maryland, betreibt für die Regierungen der amerikanischen Bundesstaaten Programme gegen Alkohol am Steuer, die auf Sperrsystemen für alkoholisierte Autofahrer beruhen (Breath Alcohol Ignition Interlock Device [BAIID] Programs). Wenn Personen, die mehrfach wegen Alkohols am Steuer aufgefallen sind, der Führerschein entzogen werden soll, können sie sich statt dessen für die folgende Alternative entscheiden: Sie behalten ihren Führerschein, müssen sich jedoch ein besonderes Sperrsystem in ihren Wagen einbauen lassen. Das Gerät hindert eine Person mit zu hohem Alkoholgehalt im Atem daran, ihren Wagen anzulassen.
Die Sperrsysteme sind hartnäckig: Sie müssen nicht nur beim Anlassen des Wagens »konsultiert« werden, sondern in Zufallsintervallen auch mehrfach während der Fahrt. Um die Benutzung des Sperrsystems zu fördern, muß dieses möglichst anwenderfreundlich sein, ohne daß sein Zweck darunter leidet.
Trotz der mit dem System verbundenen Unannehmlichkeiten und Stigmatisierung ließen sich der Präsident, Vice President of Operations und der Chairman of the

51 <http://www.thermo.com/index.html>

Board von Life Sciences die Apparatur in ihren Wagen einbauen. »Wir interessierten uns für das Feedback auf das Gerät und wollten am eigenen Leibe erfahren, wie gut die Systeme funktionieren«, erklärt Präsident Michael Haines. »Außerdem konnten wir auf diesem Wege anderen Menschen unser Produkt vorführen.«[59]

Gillette.[60] Gillette[52] regt seine Mitarbeiter dazu an, im Shaving Lab (Rasierlabor) des Unternehmens die neusten Rasiertechnologien zu nutzen. Jeden Tag suchen dreihundert Angestellte unrasiert das Labor auf, um sowohl die Produkte von Gillette als auch Konkurrenzprodukte zu testen. Die Mitarbeiter erhalten keinerlei finanzielle oder andere Anreize für ihr Engagement. »Es herrscht bei Gillette ein ausgeprägter Stolz, der die Mitarbeiter zur Teilnahme an dem Programm bewegt«, erläutert Eric Kraus, Director of Communications von Gillette.

Nachdem sich die Angestellten rasiert haben, beantworten sie Fragen zur Qualität und Leistung der Produkte. Hierzu benutzen sie ein Sensor-Notebook, das in den einzelnen Rasierkabinen installiert ist. Die Beschäftigten, die die neusten Konkurrenzrasierer verwenden, beantworten entsprechende Zusatzfragen. Das Feedback der Mitarbeiter wird direkt an die rasiertechnologische Abteilung weitergeleitet.

»Das Rasierlabor stellt einen integralen Bestandteil unserer Produktentwicklung dar«, sagt Kraus. »Das Labor liefert uns ein unmittelbares Feedback von äußerst kritischen Verbrauchern – den Mitarbeitern von Gillette. Sie wünschen sich erfolgreiche Produkte und geben ehrliche und exakte Antworten, weil sie sich mit der Materie auskennen.«

---

52 <http://www.gillette.com/>

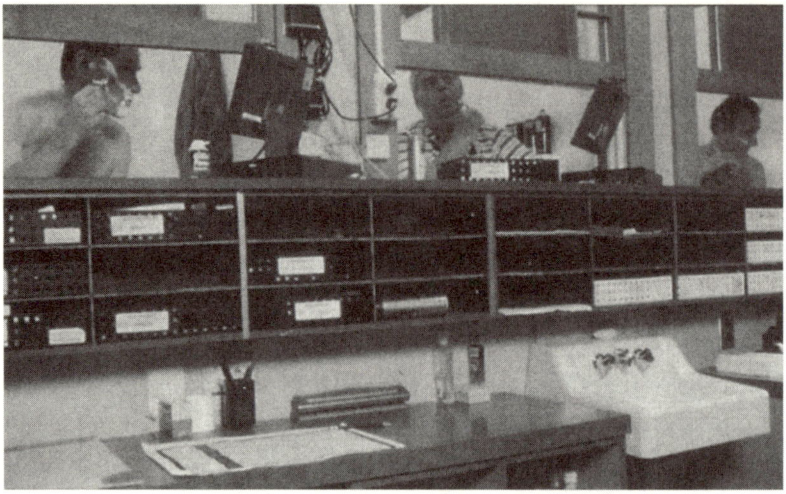

Abbildung 6: Rasierlabor von Gillette, wo Mitarbeiter die Produkte des Unternehmens testen

Cannondale Corporation. Die Cannondale Corporation[53] mit Sitz in Georgetown, Connecticut, ist Marktführer in der Sparte Rennräder und Zubehör. Die Beschäftigten werden dazu ermuntert, auf Cannondale-Rädern zur Arbeit zu fahren und auch das Zubehör der Firma zu benutzen. Alle Mitarbeiter erhalten auf Räder einen Rabatt von 45 Prozent, auf Kleidung und Accessoires einen Nachlaß von 60 Prozent.

Wer am Arbeitsplatz in die Pedale treten möchte, jedoch kein eigenes Cannondale-Rad besitzt, kann sich in der Zentrale eines von mehreren firmeneigenen Rädern und Prototypen ausleihen. »Sehen Sie sich nur unsere Flure an, dann wissen Sie, daß unsere Leute die Räder benutzen«, erklärt Marketing Services Coordinator Diane McBergin.

Die aktivsten Radler werden gratis mit Kleidung und Accessoires ausgestattet, über die sie dem Produktent-

---

53 <http://www.cannondale.com/>

wicklungsteam anschließend Bericht erstatten. Von Cannondales 65 Angestellten testet rund ein Drittel die Produkte und übermittelt dem Produktmanager und dem F&E-Team seinen Kommentar. McBergin: »Unsere Mitarbeiter dienen dem Produktentwicklungsteam quasi als Fokusgruppen.«

Abgesehen von gelegentlich überreichten Kleidungsstükken oder Gratisaccessoires erhalten diese Tester keine finanziellen Anreize für ihr Engagement. Es ist einfach »ein Teil unserer Kultur«, erläutert McBergin, die darauf hinweist, daß viele Mitarbeiter von Cannondale sich bereits zu wahren Fahrradfanatikern entwickelt haben.

Brita Products Company.[54] Die Brita Products Company stellt ausgefeilte Haushaltswasserfilter her, die das Trinkwasser von Blei, Chlor und Kalk befreien. Da die Beschäftigten ein eigenes Exemplar für den Hausgebrauch erhalten, können sie potentiellen Käufern die Vorteile von Britas Wasserfiltern wesentlich effektiver nahebringen. (Vergleichen Sie dies einmal mit dem schleppenden Tonfall von Telemarketern, die einen einstudierten Werbetext herunterleiern.)

Auch die Einkäufer bedeutender Einzelhändler, die Brita-Produkte im Sortiment führen, erhalten kostenlose Brita-Geräte und werden gebeten, diese zu Hause zu benutzen. Bevor die Geschäfte morgens öffnen, schulen Britas Außendienstmitarbeiter namhafte Einzelhändler in der Benutzung und im Verkauf der Filter. »Wenn sie überzeugt sind, werden sie auch ihre Kunden überzeugen«, so CEO Heinz Hankammer.[61] Außerdem erhalten die Angestellten dieser Einzelhandelsgeschäfte einen hohen Rabatt auf die Filter.

Auch die Coffee Shops von Starbucks benutzen Brita-Produkte. Dies könnte Starbucks' Kunden zu der An-

54 <http://www.brita.com/>

nahme verleiten, der Kaffee von Starbucks schmecke deshalb so gut, weil das Kaffeewasser mit Filtern von Brita gereinigt wird. Ich möchte bezweifeln, daß Brita seine Produkte an Starbucks verschenkt – es wäre jedoch eine brillante Marketingidee.

Übung

Malen wir uns weitere Szenarios aus, in denen Organisationen ihre eigenen Produkte benutzen. Stellen Sie sich vor:

- **Kongreßabgeordnete müßten ihre Steuererklärungsformulare selbst ausfüllen.**
- **Führungskräfte von Fluggesellschaften müßten die Mahlzeiten essen, die auch den Passagieren vorgesetzt werden.**[62]
- **Gouverneure müßten ihre Autos selbst beim Verkehrsamt anmelden.**
- **Chefs von Computerfirmen müßten ihre eigene Software aktualisieren.**

Integrieren Sie Überarbeitungs- und Verbesserungsmöglichkeiten

Lektion #4 der kontinuierlichen Verbesserung lautet: »Bauen Sie Möglichkeiten ein, um Ihr Produkt optimieren zu können.« In der Computerbranche bezeichnet man dieses Konzept als »offenes System«. »Offene« Computer ermöglichen es dem Benutzer, den Betrieb des Rechners auf vielerlei Weise zu korrigieren und zu verbessern:

- Integration spezieller Graphikkarten oder Beschleu-

nigerkarten, um die Hardwarekapazitäten des Systems zu »frisieren«.
- Benutzung von Anwendungssoftware, die von einer anderen Firma als dem Hersteller des Computers entwickelt wurde.
- Anwenderanpassung des Betriebssystems mit einer Skriptsprache wie AppleScript.
- Integration von Peripheriegeräten wie der Iomega Jaz Cartridge, um die Speicherkapazität zu erhöhen.

Doch das waren jetzt genug schlaue Beispiele! Stellen Sie sich vor, Ihr Produkt befindet sich nicht im Lager oder Büro, sondern im Körper Ihres Kunden, so daß eine Aktualisierung oder Überarbeitung ein kostspieliges und gefährliches Verfahren darstellen kann. Herzschrittmacher fallen in diese Produktkategorie.
Sulzer Intermedics Inc.[55] mit Sitz in Angleton, Texas, leistet Pionierarbeit auf dem Gebiet der softwaregesteuerten Herzschrittmacher. Mit Hilfe eines Lesestifts können Ärzte mit einem implantierten Herzschrittmacher »kommunizieren« und diesen umprogrammieren.
Sulzers Herzschrittmacher verfügen außerdem über einen Zusatzspeicher, so daß die Techniker dem Herzschrittmacher nach und nach neuentwickelte Produkteigenschaften hinzufügen können. Mit der Unterstützung der amerikanischen Gesundheitsbehörde FDA und der Einwilligung des Patienten installieren sie die neuen Funktionen in dem Herzschrittmacher und testen diese im Körper des Patienten. Dieses Verfahren gibt dem Unternehmen außerdem die Möglichkeit, Mängel an dem Herzschrittmacher zu beheben, falls in der Fertigung Fehler aufgetreten sein sollten.

---

55 <http://www.imed.com/>

Bauen Sie »Redundanz« ein[63]

Ein weiterer Beitrag von Stephen Jay Gould zur Managementtheorie ist sein Konzept der Redundanz. Er spricht damit das Phänomen an, daß Tiere häufig mehrere Strukturen aufweisen, die ein- und denselben Zweck erfüllen.
Frühformen von Fischen konnten z. B. über Kiemen und über die Lunge atmen. Da die Lunge eigentlich »überflüssig« war, konnten Fische mit der Zeit »Innovationen entwickeln«. Ihre Lungen wurden zu Schwimmblasen, mit denen Auftrieb und Schwimmfähigkeit reguliert werden – eine Entwicklung, die erst durch Redundanz ermöglicht wurde.
Ebenso wie Überprüfungs- und Verbesserungsmöglichkeiten können Sie auch Redundanz von vornherein in Ihr Produkt einbauen, wenn Sie die Vorteile des »Zuviel des Guten« erkennen. Redundante Vorräte von Lebens- und Arzneimitteln in Europa gaben z. B. den Vereinigten Staaten im Jahr 1992 die Möglichkeit, die Staaten der ehemaligen Sowjetunion zu unterstützen. Das Unterstützungsprojekt mit dem Namen Operation Provide Hope umfaßte zahlreiche Lebens- und Arzneimittellieferungen an Hilfsorganisationen und Krankenhäuser.
Mit redundanten Reserven konnte somit in nationalem Interesse eine unerwartete Mission erfüllt werden, für die diese Vorräte eigentlich nicht angelegt worden waren.[64]

Dokumentieren Sie alles

Lektion #4 a der kontinuierlichen Verbesserung lautet: »Schreiben Sie die technischen Spezifikationen Ihres Produkts nieder, damit andere Menschen herausfinden

können, wie sich Ihr Produkt erweitern und verbessern läßt.«
Auch dieser Lehrsatz stammt aus der Computerbranche. Sie sollten also nicht nur Überarbeitungs- und Verbesserungsmöglichkeiten in Ihr Produkt integrieren, sondern die Prozesse auch dokumentieren. Klären Sie den Kunden nicht nur darüber auf, wie er Ihr Produkt benutzen muß, sondern erläutern Sie ihm auch die technologischen Grundzüge Ihrer Produkte. Apple veröffentlichte z. B. ein Buch mit dem Titel *Inside Macintosh* für Hardware- und Softwareentwickler.
Dieses Vorgehen beschränkt sich nicht auf die Computerbranche. Einige Automobilhersteller wie General Motors und Chrysler geben Reparatur-Handbücher heraus, die vollständige Anleitungen für die Montage und Demontage des gesamten Wagens enthalten. Diese Handbücher helfen Werkstätten und Hobbybastlern bei allen anfallenden Reparaturarbeiten.
Wenn Sie von vornherein Überarbeitungs- und Verbesserungsmöglichkeiten für ein Produkt einbauen, sollten Sie also auch eine hilfreiche Dokumentation erstellen. Tatsächlich besteht der optimale Ansatz darin, die Dokumentation als Teil des Produkts zu betrachten, nicht als Zugabe.

Verbessern Sie für Käufer, nicht für Nichtkäufer

Viele Unternehmen orientieren sich bei der Verbesserung von Produkten oder Services an den Reklamationen von Personen, die das Produkt gar nicht kaufen. Um bei dem Beispiel Apple zu bleiben, dachten wir, daß Lotus 1–2–3 die Wunderwaffe wäre, die Macintosh in Großunternehmen zum Durchbruch verhelfen würde. Lotus 1–2–3 hatte jedoch keine große Wirkung.

Lektion #5 der kontinuierlichen Verbesserung besagt: Optimieren Sie Ihre Produkte nur für Menschen, die sie auch kaufen.

Die Kunden, die Ihr Produkt bereits besitzen, lassen sich in zwei Kategorien einteilen – jene Käufer, die Ihr Produkt so benutzen, wie es von Ihnen beabsichtigt ist, und jene, die es auf andere Weise einsetzen. Was die erste Gruppe betrifft, so sollten Sie herausfinden, was ihr an Ihrem Produkt gefällt und die entsprechenden Eigenschaften weiter ausbauen. Zudem sollten Sie erkunden, was ihnen an Ihrem Produkt nicht gefällt und Abhilfe schaffen.

Der zweite Kundentypus verwendet Ihr Produkt auf eine von Ihnen nicht vorgesehene Weise. Es handelt sich hier wahrscheinlich nicht um die Kundengruppe, die Sie zunächst im Visier hatten, doch aus gewissen Gründen halten diese Käufer Ihr Produkt für nützlich. Finden Sie heraus, was der beschriebene Kundenkreis mit Ihrem Produkt anstellt, und bewerben Sie Ihr Produkt entsprechend – so unterstützt Sie dieser Kundentypus in der Entwicklung eines neuen Marktes. Das Konzept läßt sich mit Hilfe zweier Geschichten verdeutlichen.

In den 30er Jahren kreierte der Lebensmittelhändler Sam Hornstein ein Hundefutter namens Balto (benannt nach einem Huskie, der sich seinen Weg durch einen Blizzard bahnte, um kranken Patienten in Nome, Alaska, ein Diphtherieserum zu bringen). Obwohl Hornstein 50 000 Kisten im Jahr verkaufte, gingen wegen des Fischgeruchs des Hundefutters Beschwerden bei ihm ein. Die Kunden beklagten sich, daß Baltos Fischprodukte für die tägliche Ernährung der Hunde zu reichhaltig seien.

Anstatt die Hundehalter zufriedenzustellen und die Zusammensetzung des Futters zu ändern, erkannte Hornstein, daß er einen neuen Kundenkreis adressieren konnte: Katzenbesitzer. Katzen fanden den Fischgeruch des Futters sehr verlockend, so daß das Futter seit rund einem Jahr zunehmend auch an Katzenbesitzer verkauft wurde. Hornstein überarbeitete sein Produkt, so daß es besser auf die Bedürfnisse von Katzen zugeschnitten war, und gab ihm einen neuen Namen: »Puss'n Boots« (Gestiefelter Kater). Später verkaufte er sein erfolgreiches Katzenfutterunternehmen für sechs Millionen Dollar an Quaker Oats.[56][65]

Als zweites Beispiel dient das Unternehmen Arm and Hammer,[57] das sein Backpulver ursprünglich als Treibmittel für Backwaren verkaufte. Da die Lust am Backen in den letzten Jahren jedoch spürbar nachließ, ging auch die Nachfrage nach Backpulver zurück. Als die Kunden von Arm and Hammer entdeckten, daß das Produkt Gerüche absorbiert, benutzten sie es als Geruchsbinder für Kühlschränke, Wäschekörbe und Mülleimer. Darüber hinaus verwendeten die Verbraucher das Backpulver als mildes Reinigungsmittel für Arbeitsflächen, Spülbecken und zum Zähneputzen. Da es leicht verdaulich und hautverträglich ist, wurde das Backpulver auch als Antiazidum eingenommen, zur Beruhigung der Haut auf gereizte Stellen aufgetragen und als Mittel gegen müde Füße verwendet.

Als Arm and Hammer von diesen neuen Einsatzbereichen erfuhren, änderten sie ihre Strategie. Sie positionierten das Produkt nicht länger als Backmittel, sondern als »natürliches« Reinigungsmittel und Geruchskiller. Auch wenn viele Kunden das Produkt noch immer zum Backen benutzen, beruht der Wachstumsmarkt auf diesen neuen Verwendungszwecken. Wie der Autor Jagdish Sheth in *Winning Back Your Market* ausführt, »ver-

56 <http://www.QuakerOats.com/>
57 <http://www.armhammer.com/>

wendet ein Haushalt, der das Backpulver auch für Kühlschränke, Regale und Spülbecken benutzt, wahrscheinlich 20mal mehr Backpulver – gleiches Produkt, gleiche Verpackung – als ein Haushalt, in dem das Pulver nur beim Backen zum Einsatz kommt.«[66]

Verbergen Sie Ihre Fehler nicht

Tom's of Maine,[58] Hersteller von Hygieneprodukten wie Zahnpasta und Deodorants, konnte alle drei Jahre seine Verkaufszahlen verdoppeln, bis das Unternehmen mit seinem Deo Honeysuckle eine Bauchlandung erlebte. Die Vorgehensweise von Tom's of Maine und die Reaktionen seiner Kunden illustrieren die nächste Lektion.
Lektion #6 der kontinuierlichen Verbesserung heißt: »Versuchen[59] Sie nicht, Ihre Fehler zu verbergen.«
Aus Gründen des Umweltschutzes strebte Tom's of Maine an, in seinen Produkten weniger Mineralöl zu verwenden. Im Rahmen einer Verbesserung des Deodorants Honeysuckle ersetzte das Unternehmen ein in dem Produkt enthaltenes Mineralölderivat durch ein Glyzerin auf Pflanzenbasis. Außerdem wurden antibakterielle Wirkstoffe zugesetzt, um die geruchshemmende Wirkung des Deos zu optimieren (Bakterien sind die Hauptursache von Körpergeruch).
Zwei Monate nach der Einführung des neuen Deodorants rollte jedoch eine Reklamationswelle heran. Viele Kunden beklagten sich, das Deo würde nach einem halben Tag seine Wirkung verlieren. Verbrauchertests und die anschwellende Beschwerdeflut wiesen darauf hin, daß 50 Prozent der Kunden mit dem Produkt nicht

58 <http://www.toms-of-maine.com/>
59 Die Betonung liegt auf dem Wort »versuchen«.

zufrieden waren. Das Unternehmen versuchte, dem Produkt mehr antibakterielle Inhaltsstoffe hinzuzufügen, doch auch diese Maßnahme konnte die Kunden nicht besänftigen.

Marketing- und Verkaufsmitarbeiter waren konsterniert, und die Kunden machten den Einzelhändlern mit ihren Reklamationen das Leben schwer. Das Unternehmen zog sich erneut ins Labor zurück und ersetzte das Glyzerin wieder durch das zuvor verwendete Mineralölderivat. »Wir sandten 200 unserer aufgebrachtesten Kunden eine Probe zu, und sie waren begeistert«, erklärt Mitgründer und Präsident Tom Chappell.

Die Marketing- und Verkaufsleitung schlug eine komplette Rücknahme des schwachen Deos vor, was jedoch mit Kosten in Höhe von 400 000 Dollar verbunden war (diese Summe entsprach 30 Prozent des geschätzten Jahresgewinns der Firma). »Den Fehlschlag zuzugeben bedeutete, daß wir die Expansionspläne unseres aufstrebenden Unternehmens erheblich einschränken mußten«, erinnert sich Chappell. Auch wenn ihm die Entscheidung schwerfiel, genehmigte Chappell die Rücknahme und bat seine Manager, ihre Wachstumspläne zu zügeln und das Marketingbudget zurückzuschrauben, um zumindest bescheidene Gewinne zu erzielen.

Tom's of Maine antwortete allen 2 000 Kunden, die sich beschwert hatten. Das Unternehmen schickte ihnen ein Erklärungs- und Entschuldigungsschreiben sowie eine Gratisprobe des neuen Deos zu. »Neunundneunzig Prozent lobten das neue Produkt und brachten uns ihre Anerkennung für unser Verhalten zum Ausdruck«, erklärt Chappell. »Es hatte jemand ein offenes Ohr für sie gehabt.«

Schließlich gewann Tom's of Maine das Vertrauen seiner Kunden zurück, hielt seine Gewinne auf einem für Investoren und Aktionäre akzeptablen Niveau und minimierte den Kundenverlust. Darüber hinaus tat das Unternehmen noch ein gutes Werk: Es spendete die Restbestände des unbeliebten Deos an ein Unternehmen, das sich um die hygienischen Zustände von obdachlosen Menschen kümmerte.[67]

Erschaffen wie ein Gott

Teil II Herrschen wie ein König

Arbeiten wie ein Sklave

Kapitel 4: Reißen Sie Barrieren nieder

Nicht Wahl,
sondern Gewohnheit regiert
die gedankenlose Herde.
William Wordsworth

Mazel tow

Sie haben geliefert. Der Verkauf läßt sich gut an. Wahrscheinlich rechnen Sie Ihre Anfangserfolge voller Optimismus hoch – »in die Unendlichkeit und noch weiter«, um mit Buzz Lightyear aus dem Film »Toy Story« zu sprechen. *Mazel tow* (viel Glück, alles Gute), wie die Japaner sagen. Bereiten Sie sich am besten jetzt schon darauf vor, in den Abgrund zu stürzen.
Danken Sie Geoffrey Moore[60] für dieses Konzept. Sein Buch *Crossing the Chasm* ist eines der besten Werke über High-Technology-Marketing, das je geschrieben wurde. Moore beschreibt diesen Abgrund mit folgenden Worten:

Eine bedeutende Kluft, der »Abgrund«,
klafft zwischen dem Markt der Frühadopter und
den Märkten, die sich aus pragmatischeren
Käufern zusammensetzen.[68]

Frühadopter sind Leute, die sofort zugreifen nachdem ein Produkt auf den Markt kommt. Diese Erstkäufer unterscheiden sich auf der ganzen Linie von anderen Kunden. Zur Überwindung des oben beschriebenen Abgrunds müssen Sie die Barrieren niederreißen, die eine breite Akzeptanz bei den Frühadoptern verhindern, um anschließend die Nischenmärkte zu erobern, in denen Ihre Produkte dann Erfolge erzielt haben. Wenn Sie genügend Nischenmärkte beherrschen, wird Ihr Produkt eine kritische Masse erreichen, die Kaufentscheidung wird nicht mehr mit dem Kopf getroffen werden.

60 <http://www.chasmgroup.com/>

Vielleicht ist Ihr Produkt so verführerisch, daß Frühadopter selbst Barrieren niederreißen, um in seinen Besitz zu gelangen. Die Arbeit, die Sie selber leisten, um diese Barrieren zu beseitigen, trägt jedoch dazu bei, daß Sie den Abgrund leichter, schneller und sicherer überwinden. Falls Frühadopter die schweren »Räumungsarbeiten« verrichten, gewinnen Sie vielleicht ein falsches Bild von der Annehmbarkeit und Attraktivität Ihres Produkts. Dies kann dazu führen, daß Sie in der Zukunft plötzlich vor unerwarteten Abgründen stehen.
Ich lernte diese Lektion in meiner Zeit als Präsident der Softwarefirma ACIUS,[61] die eine relationale Datenbank namens 4th Dimension herausgab. Diese High-End-Datenbank war so leistungsfähig und so vielseitig programmierbar, daß technisch versierte Frühadopter in helle Begeisterung ausbrachen. Aufgrund dieser frühen Erfolge waren wir davon überzeugt, einen absoluten Treffer gelandet zu haben. Trotzdem stürzten wir in den Abgrund, weil 4th Dimension für die meisten Menschen zu schwierig zu bedienen war.

Arten von Barrieren

Ebnet den Weg! Baut die Straße!
Schafft vor meinem Volk
alle Hindernisse fort.
Jesaja 57:14

Zu Beginn einer Revolution gibt es fünf Arten von Barrieren für die Akzeptanz eines neuen Produkts: Unwissenheit, Trägheit, Komplexität, die Handelskette und der Preis.

61 <http://www.acius.com/>

- **Unwissenheit.** Wer Unwissenheit bekämpfen möchte, muß den Markt auf ein neues Produkt oder einen neuen Service aufmerksam machen. Wenn die Menschheit nicht weiß, daß Sie eine wunderbare Mausefalle gebaut haben, wird sie Ihnen mit Sicherheit nicht die Geschäftsräume stürmen.
- **Trägheit.** Hier handelt es sich in der Regel um die schwierigste und frustrierendste Hürde. Dieses Hindernis taucht auf, wenn Menschen bereits wissen, daß sie auf ein besseres Produkt zugreifen könnten, das Produkt jedoch trotzdem nicht annehmen. Es ist niederschmetternd, wenn die Welt zwar von der wunderbaren Mausefalle weiß, ihr diese jedoch vollkommen gleichgültig ist.
- **Komplexität.** Diese Barriere beruht auf der Schwierigkeit, ein Produkt zu installieren oder anzuwenden. Falls die Verbraucher Probleme mit der Benutzung Ihres Produkts haben, fallen Sie in den Abgrund, sobald die hartnäckigsten, engagiertesten und technisch versiertesten Kunden Ihr Produkt besitzen. Egal, wie revolutionär Ihre Mausefalle auch ist – wenn man einen ganzen Tag oder ein Diplom benötigt, um sie aufzustellen, wird sie kein Verkaufsschlager werden.

Übung

Schicken Sie Ihren Eltern oder Schwiegereltern eines Ihrer Produkte. Kommen diese mit dem Produkt klar? Falls nicht, können Sie ihnen am Telefon erklären, wie das Produkt zu benutzen ist?

- **Handelskette.** Falls Ihr Produkt nirgends gekauft werden kann, ist es zum Scheitern verurteilt. Die Weigerung der Handelskette, Ihr Produkt zu verkaufen und zu unterstützen, kann tödliche Folgen haben. Eine Möglichkeit besteht darin, die bisher genutzte Handelskette auf Ihr Produkt einzustellen. Da diese jedoch für gewöhnlich den Status quo vorzieht, gestaltet sich dieser Versuch meist schwierig. Eventuell stoßen Sie auf geringere Probleme, wenn Sie einen neuen Absatzweg aufbauen.

- **Preis.** »Preis«. Das von Revolutionären am meisten gefürchtete Wort. Auf der einen Seite sollten Sie Frühadoptern so tief in die Tasche greifen wie möglich, da Ihr Produkt dieser Klientel den größten Nutzen bringt. Außerdem brauchen Sie das Geld, um Ihr Produkt weiterentwickeln zu können. Auf der anderen Seite dürfen Sie Frühadopter nicht durch den Preis abschrecken, weil Sie dann niemals an den Abgrund (geschweige denn über den Abgrund) kommen. Eine Mausefalle für 99 Dollar wird sich nicht verkaufen lassen.

Wie reißen Sie Barrieren nieder?

Die Urknalltheorie der Produkteinführung besagt, daß Sie Unsummen in Werbung, Promotion und Anreize für die Handelskette investieren. Mit diesen Maßnahmen reißen Sie dann nicht nur Barrieren nieder, sondern etablieren Ihr Produkt auch als Category Killer. Im wirklichen Leben spielt sich jedoch normalerweise folgendes Szenario ab:

a) Sie bringen Investoren dazu, Ihnen 15 Millionen Dollar zu überlassen.
b) Sie beauftragen eine renommierte Werbeagentur.
c) Sie beauftragen eine renommierte PR-Agentur.

Diagramm aus dem Wall Street Journal

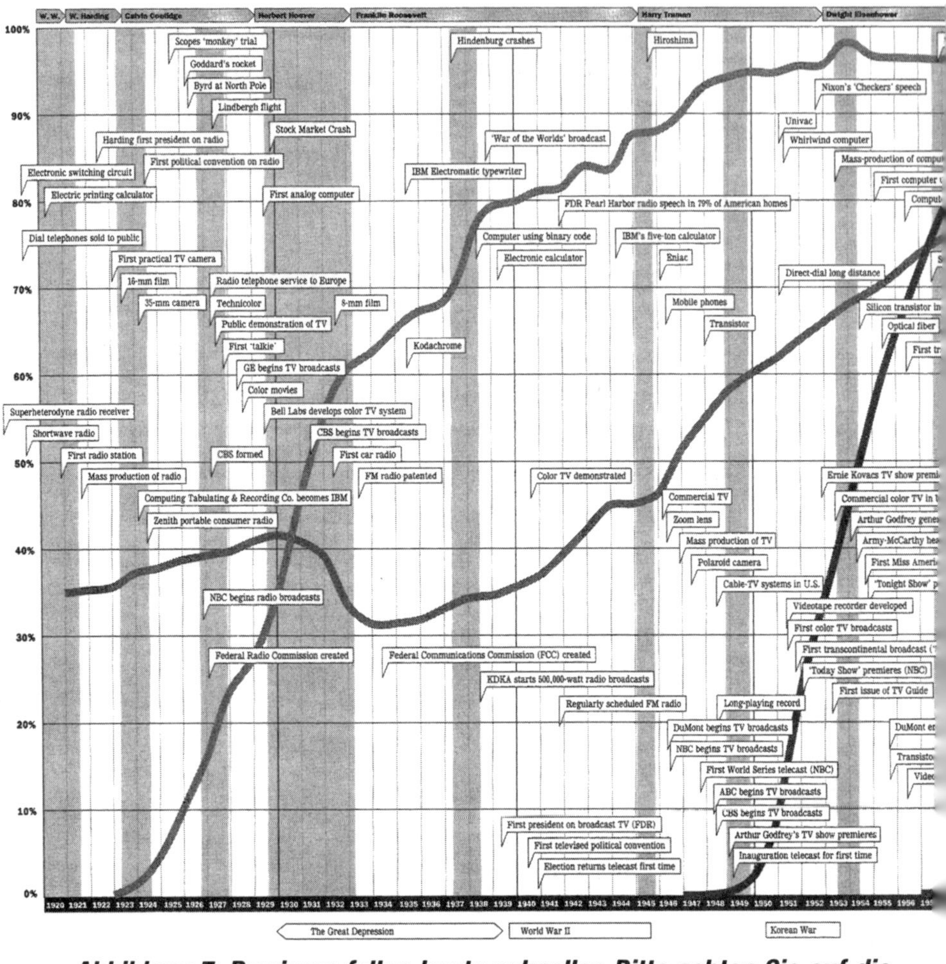

Abbildung 7: Barrieren fallen heute schneller. Bitte achten Sie auf die

d) Sie halten eine pompöse Pressekonferenz ab, auf der für 100 000 Dollar Wein und Shrimps gereicht werden.
e) Sie fahren eine Werbekampagne in allen Medien.
f) Sie geben 17 Millionen Dollar aus, können jedoch Ihre Liefertermine nicht einhalten.
g) Sie gehen pleite.

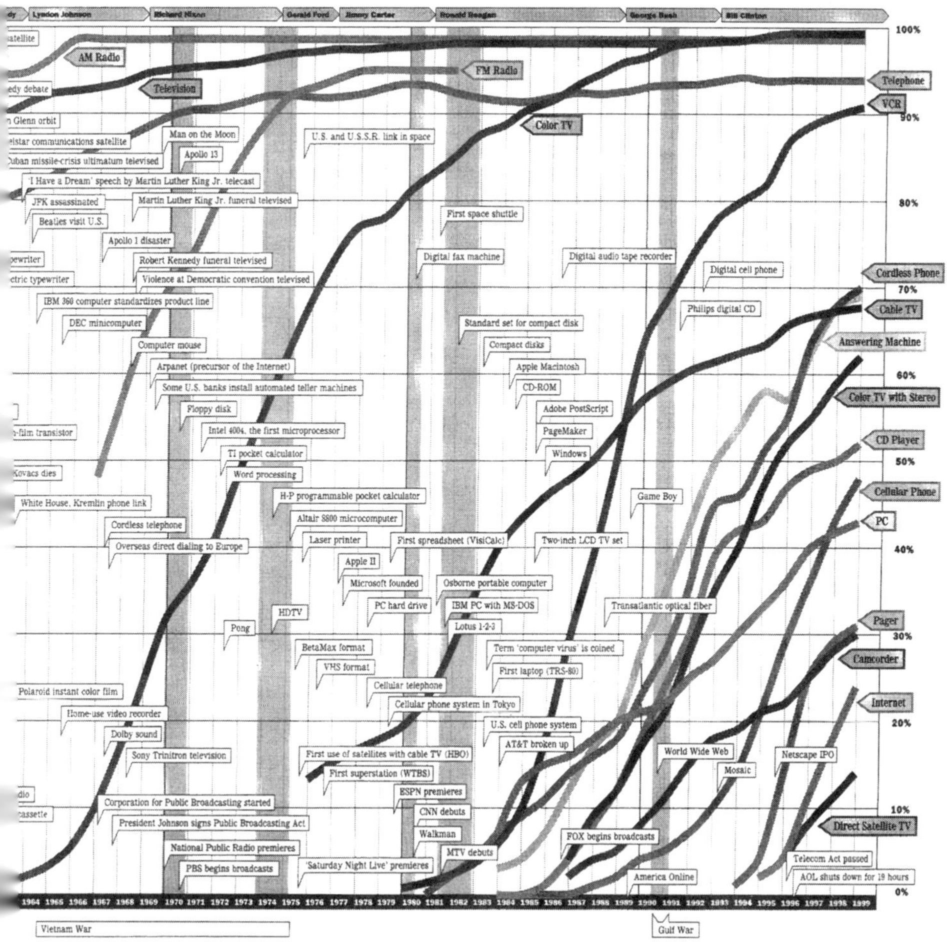

steileren Akzeptanzkurven seit den 70er Jahren

Offensichtlich bieten sich andere, bessere Methoden an, um die Barrieren zum Verschwinden zu bringen. Die folgenden Verfahren kosten nicht nur weniger, sondern sie funktionieren auch besser.

Ermöglichen Sie »Probefahrten«

Bieten Sie den Leuten an, Ihr Produkt oder Ihren Dienst zu erproben. Dies ist ein äußerst effektiver Weg, um Akzeptanzbarrieren zu beseitigen oder herunterzuschrauben. Die WD-40 Company erzeugte einen hohen Bekanntheitsgrad für ihr Produkt, als sie im Vietnamkrieg an Tausende von Soldaten Proben ihrer Schmierstoffe verteilte, mit denen diese in dem tropischen Klima ihre Waffen reinigten.[69] Nach ihrer Rückkehr aus dem Krieg kauften die Soldaten das Produkt für zivile Zwecke.

Ein friedlicheres Beispiel für Warenproben liefert Revlon. Die Kosmetikfirma gab fingernagelförmige Papierproben ihres Nagellacksortiments LavenDare aus. Dank einer Haftschicht auf der Rückseite der Proben konnten Interessentinnen diese auf ihre Fingernägel »kleben«, damit sie sahen, wie die verschiedenen Farben wirkten.

Drei gute Gründe sprechen dafür, Warenproben herzustellen:

- Sie sind gezwungen, Ihr Produkt konsumentenfreundlich zu gestalten, da es von Tausenden von Personen ausprobiert werden wird. Sie sind sicherlich nicht darauf erpicht, Verbrauchern, die Ihr Produkt testen, technischen Support bereitstellen zu müssen!
- Der Preis für Testversionen liegt in der Regel sehr niedrig (wenn diese überhaupt etwas kosten), so daß die Preisbarriere wegfällt. Ihre Tochter kann z. B. die Demoversion einer teuren Software testen und Sie dann bitten, diese zu kaufen. Sie hätte das Produkt niemals aus eigener Tasche bezahlen können.
- Sie können die Handelskette umgehen, indem Sie Ihre

Proben direkt an die Kunden ausgeben. Wenn Sie Glück haben, wenden sich diese dann von sich aus an die Handelskette und fragen nach Ihren Produkten.

Es gibt einige Produkte, von denen keine Proben oder Muster hergestellt werden können. Die Testlösung für diese Artikel ist ein Rückgaberecht mit Gelderstattung. Es kommt auf den folgenden Punkt an: Zeigen Sie Ihren potentiellen Kunden, daß Sie sie für clever halten und somit gar nicht erst versuchen werden, sie hereinzulegen. Geben Sie ihnen die Möglichkeit, Ihre Revolution zu testen und zu erleben. Dann lassen Sie den Konsumenten selbst entscheiden, ob er an Ihrer Revolution teilnehmen möchte.

Schaffen Sie Besitzerstolz

Menschen wehren sich nicht gegen die Annahme eines Produkts, für das sie einen gewissen Besitzerstolz empfinden. Der Terminus Besitz bezieht sich in diesem Zusammenhang nicht auf Eigentumsrechte oder Ansprüche, sondern auf die psychologische Bindung an ein Produkt, an dessen Gestaltung man mitgewirkt hat.
Ich habe dies bei der Entwicklung von Software mehrfach erlebt. Journalisten und Kritiker übermittelten mir Vorschläge zur Änderung eines bestimmten Programms, und wenn ich den Programmierer überzeugen konnte (was mir nicht immer gelang), versuchte ich, ihre Empfehlungen zu berücksichtigen.
Handelte es sich bei diesen Vorschlägen um bedeutende Verbesserungen? Nicht wirklich. War die Änderung der Software mit großen Umständen verbunden? Nicht wirklich. Doch die Berücksichtigung ihrer Empfehlungen schmeichelte den Kritikern und senkte die Wahrschein-

lichkeit (ohne diese vollständig zu beseitigen, wie ich feststellen mußte), daß sie ein von ihnen »entwickeltes« Produkt verreißen würden.
Fazit: Ermitteln Sie die Personen, die mit großer Wahrscheinlichkeit Barrieren aufbauen, und bringen Sie diese dazu, Ihnen bei der Optimierung Ihres Produkts oder Dienstes zu helfen. Es besteht durchaus die Möglichkeit, daß sie fruchtbare Verbesserungsvorschläge unterbreiten. Selbst wenn dies nicht der Fall ist, nimmt die Wahrscheinlichkeit ab, daß sie die Annahme Ihres Produkts zu verhindern suchen.

Machen Sie aus kleinen Hügeln Matterhörner

Dieser Rat stammt aus den Empfehlungen der Marketingfirma Regis McKenna, Inc.[62] mit Sitz im Silicon Valley. Die Firma empfiehlt, aus einem kleinen Hügel ein Matterhorn zu machen, indem man revolutionäre Produkte oder Dienstleistungen »unerhört« positioniert.
Eine unerhörte Positionierung dient dazu, die Verbraucher durch schockierende Aussagen auf die potentielle Wirkung Ihres Produkts oder Dienstes aufmerksam zu machen. Diese Technik zielt darauf ab, die Barrieren Unwissenheit und Trägheit zu überwinden. Sie dürfen jedoch nicht davon ausgehen, daß Ihnen jedes Wort geglaubt wird. Ihr Ziel ist es, Neugierde zu wecken: »Wie kann das Unternehmen eine so unerhörte Behauptung aufstellen?«

62 <http://www.mckenna-group.com/>

Produkt oder Service	Unerhörte Positionierung
Lexus[63]	Dieses Auto ist besser als ein Mercedes[64] oder ein BMW.[65]
Bose[66] AM/FM-Radio	Dieses Radio klingt besser als ein Live-Konzert.
Silicon Graphics[67] Workstation	Mit diesem Computer können Sie ebenso gute Filme produzieren wie George Lucas.
Southwest Airlines[68]	Billiger und schneller als Auto fahren.

Nicht jedes Unternehmen kann diese Taktik anwenden. Ihre Behauptung muß ein Körnchen Wahrheit enthalten, und Ihre Firma muß über einen guten Ruf verfügen. Unerhörte Positionierungen stellen eine Art Augenzwinkern zwischen einem glaubwürdigen Unternehmen und seinen treuen Kunden dar – es handelt sich nicht um billige, aufdringliche Werbung.

Springen Sie auf den fahrenden Zug auf

Auf den fahrenden Zug aufzuspringen bedeutet, einen größeren Trend auszunutzen. Dieser Zug kann allen –

63 <http://www.lexus.com/>
64 <http://www.mercedes.com/>
65 <http://www.bmw.com/>
66 <http://www.bose.com/>
67 <http://www.sgi.com/>
68 <http://www.iflyswa.com/>

auch Ihrer Konkurrenz – helfen, die Barrieren der Unwissenheit und Trägheit niederzureißen, da sich niemand gern einem Trend verschließt. Noch besser ist es, selbst den Zug in Gang zu bringen und anderen Revolutionären die Möglichkeit zu geben, auf Ihren Zug aufzuspringen.

In der letzten Zeit präsentierte sich das Internet als treibende Kraft aller neuen Trends. Mit dieser Welle sind Hunderte von Hardware-, Software- und Servicebooten in See gestochen. Diese Hardware-, Software- und Serviceboote haben wiederum eine derartige Wertschöpfung generiert (oder soviel Wasser verdrängt), daß die Welle sogar noch angewachsen ist.

Der entscheidende Punkt liegt darin, Züge zu finden, die unwiderstehliche Konzepte repräsentieren, so z. B. den Entrechteten zu ihren Rechten zu verhelfen, demokratische Zustände herzustellen oder die Bildungschancen zu verbessern.

✍ Übung

Ordnen Sie dem Zug die Revolution zu:

Charles Schwab	***Informationsfluß ermöglichen***
Das Internet	***Investitionen demokratisieren***
Mobiltelefone	***Reibungsloser Kapitalismus***
Costco	***Freiheit und Verbindungsmöglichkeit***

Oder gehen Sie den altmodischen Weg

Da ich eine Schwäche für verrückte Produktideen habe, suggeriert dieses Buch oftmals, daß »sie schon kommen werden«, wenn ein revolutionäres Produkt angeboten

wird. Ich definiere nicht einmal, wer »sie« sind. Es gibt jedoch noch zwei weitere Methoden, um Produkte und Dienstleistungen zu kreieren: Fokussieren oder schaffen Sie ein bestimmtes Kundensegment.
Diese beiden Verfahren verdienen eine nähere Untersuchung, weil sie dazu beitragen, Barrieren zu vermeiden (statt Barrieren niederzureißen). Dies erreichen Sie, indem Sie Ihr Augenmerk von Beginn an auf die Kundenbedürfnisse richten.

Konzentrieren Sie sich auf ein bestimmtes Kundensegment

Für Fletcher Music Centers in Florida stellten Orgeln immer das Produkt mit den besten Verkaufszahlen dar. In den 80er Jahren ging der Absatz von Orgeln jedoch dramatisch zurück, und 1990 erwirtschaftete das Unternehmen den niedrigsten Gewinn in der Firmengeschichte. Dennoch beschloß Fletcher Music Centers, sich auf das Tätigkeitsfeld zu konzentrieren, das es stets am besten beherrscht hatte – auf den Orgelvertrieb.
Diese Entscheidung wurde getroffen, obwohl der Orgelabsatz von 250 000 Stück in den späten 70er Jahren auf 14 000 Stück in 1990 zusammengeschrumpft war.[70] Allerdings erbrachten Heimorgeln die höchsten Margen, und Orgelkäufer neigten mit zunehmender Spielfertigkeit dazu, auf neuere Instrumente umzusteigen.
Fletcher entdeckte, daß das Durchschnittsalter von Orgelkäufern bei 70 Jahren lag und sich diese Kundengruppe mit der komplizierten Technologie und den kleinen Knöpfen schwer tat. Außerdem wünschte diese Klientel sich Orgeln, die sich als schöne Möbelstücke präsentierten, nicht High-Tech-Geräte aus Plastik. Die aufschlußreichste Entdeckung lag jedoch darin, daß das Orgelspielen den Kunden zu einem gesteigerten Selbst-

wertgefühl, zur Gemeinschaft mit anderen Spielern und zu einer echten Begeisterung für ein Hobby verhalf.
Ältere Menschen fanden keinen Gefallen an den neuen Orgelmodellen aus Japan, die technologisch überfrachtet und somit nicht sehr benutzerfreundlich waren. Fletcher spürte ein Unternehmen in Italien auf, das bereit war, die erste für den Seniorenmarkt konzipierte Orgel zu produzieren. Fletcher investierte mehr als ein Jahr und rund 250 000 Dollar in die Entwicklung dieser Orgel namens Estey.
Doch Fletcher richtete nicht nur die Konstruktion des Produkts an diesem Kundensegment aus, sondern führte auch lebenslangen Gratisunterricht für Orgelkäufer ein und organisierte gesellschaftliche Aktivitäten wie kostenlose Gruppenstunden. Bei diesen Orgelstunden treffen die Orgelspieler zusammen, lernen sich kennen und essen in geselliger Runde zu Abend.
Durch die Einführung der Estey und die Fokussierung einer bestimmten Klientel avancierte Fletcher, das einst ums Überleben kämpfte, zum weltgrößten Heimorgelanbieter. In 1993 machte die Estey rund 25 Prozent aller in den Vereinigten Staaten verkauften Heimorgeln aus. Durch die Entwicklung der Estey und den Entwurf von Marketingprogrammen für Senioren sorgte Fletcher dafür, daß kaum Barrieren niedergerissen werden mußten.[71]

Schaffen Sie ein spezielles Kundensegment

Dave & Buster's hat in den USA zehn Entertainment Center eröffnet, in denen sich »große Kinder« nach Herzenslust austoben können. Das Unternehmen hat sich seine eigene Nische geschaffen. Bei den Unterhaltungszentren handelt es sich um Center von rund 4500 bis 5500 Quadratmetern, die auf 25- bis 45jährige zuge-

schnitten sind. Minderjährigen ist der Zutritt nur in Begleitung von Aufsichtspersonen gestattet, und um 22 Uhr müssen Personen unter 21 Jahren die Spieltempel verlassen.
Diese Unterhaltungszentren bieten ein gehobenes, elegantes Ambiente und heben sich stark von den herkömmlichen, von Teenagern belagerten Spielhallen ab. Der Billardraum prunkt mit Billardtischen aus der Jahrhundertwende aus massivem Mahagoniholz mit Perlmuttbezug. Die Tische in den Restaurants sind mit dekorativen Stofftischdecken geschmückt, und der lange Tresen besteht aus Messing und handgeschnitztem Holz.
Neben Videospielen, Flippern und Virtual-Reality-Spielen stehen den Kunden auch verbundene Simulatoren für Abfahrtsski, Jetski, Autorennen, Motorradrennen, Snowboarding und in einigen Zentren auch für das Steuern von Flugzeugen zur Verfügung. Ein Golfsimulator (ausgestattet mit Geschwindigkeitsmessern und echten Schlägern) gibt den Spielern die Möglichkeit, auf 20 der besten Golfplätze der Welt ihr Geschick zu testen.
Der maßgerechte Zuschnitt dieser Spielparadiese auf Erwachsene hat ein vollkommen neues Marktsegment kreiert, das bis dato überraschenderweise ignoriert worden war. Für die Erschließung eines neuen Kundensegments gilt das gleiche wie für die Fokussierung einer bestimmten Kundengruppe: Sie müssen nur wenige Barrieren überwinden.

Errichten Sie selbst Barrieren

Nachdem Sie die typischen Hindernisse für die Adoption Ihres Produkts aus dem Weg geräumt oder minimiert haben, sollten Sie einen Kokon um Ihre Kunden spinnen, damit Ihre Konkurrenz Sie nicht attackieren kann. Das Ziel liegt darin, zu einem bestimmten Kundensegment eine solche Nähe aufzubauen, daß es auf Gedeih und Verderb zu Ihnen hält. Es folgt eine Beschreibung der wichtigsten Arten von Barrieren, die Sie errichten können.

Exklusivität – das beste Produkt. Wer sein Produkt mit dieser Barriere schützen möchte, muß sicherstellen, daß er das beste Produkt anbietet und daß sein Erzeugnis auch als das beste Produkt wahrgenommen wird. Es mag billigere Produkte geben, es mag durchdringendere Produkte geben, doch Ihres repräsentiert den Standard, an dem alles und jeder gemessen wird. Beispiele: Harvard University,[69] Ritz-Carlton[70] und Mercedes.[71]

Präsenz in den Köpfen – das verbreitetste Produkt. Diese Barriere veranlaßt Konsumenten, bestimmte Produkte oder Services in einer Art Kurzschlußreaktion auszuwählen. Im Gegensatz zu der oben beschriebenen Exklusivitätsbarriere muß das Produkt nicht die beste Wahl sein, sondern nur die offensichtlichste.[72] Die Verwendung eines Markennamens als Gattungsname ist z. B. ein Beleg für die Existenz einer solchen Barriere.

Übung

Setzen Sie bitte das fehlende Wort ein.
»Ich habe meine Taschentücher vergessen. Hast du vielleicht ein ________ für mich?

69 <http://www.harvard.edu/>
70 <http://www.ritzcarlton.com/>
71 <http://www.mercedes.com/>
72 Microsoft Windows fällt offensichtlich in diese Kategorie.

Preis – das billigste Produkt. Preisliche Barrieren werden von Niedrigkostenanbietern errichtet, die bereit sind, ihren Preisvorteil als Waffe einzusetzen. Der folgende Wortwechsel zwischen Bill Gates von Microsoft und CNET[73] sagt alles über diese Barriere:

Gates: ... Wenn ich den Preis von Windows anhebe, erleichtere ich anderen Anbietern von Betriebssystemen nur den Wettbewerb. Sie sollten sich fragen, warum wir den Preis für Windows auf einem so niedrigen Niveau halten. Erst wenn Sie das verstehen, verstehen Sie Microsoft.
CNET: Aber was das OS angeht, so haben Sie einen Marktanteil von über 80 Prozent inne.
Gates: Warum halten wir den Preis so niedrig? Denken Sie noch einmal darüber nach.[72]

Die Bereitschaft zu signalisieren, in den Preiswettbewerb einzusteigen, reicht meist schon aus, um Wettbewerber abzuschrecken (Preise und Gewinne zu senken erweist sich meist für alle Beteiligten als kontraproduktiv). In dem obigen Interview empfiehlt Bill Gates potentiellen Wettbewerbern, sich zurückzuhalten.
Individuelles Kundenmarketing – das kundennächste Produkt. Das Konzept des individuellen Kundenmarketings (customerization) wurde von Don Peppers und Martha Rogers geprägt. Es umschreibt den offensiven und enthusiastischen Zuschnitt von Produkten oder Diensten auf Kunden. Das japanische Unternehmen Paris Miki,[74] Einzelhändler für Brillen, macht eine Digitalaufnahme von seinen Kunden und zeigt ihnen dann, wie verschiedene Gestelle und Gläser bei ihnen wirken.[73]

73 <http://www.cnet.com/>
74 <http://www.paris-miki.com/>

Sobald die Kunden samt Aufnahme in der Datenbank von Paris Miki verewigt sind, werden sie wahrscheinlich nicht mehr in anderen Geschäften nach der passenden Brille suchen.

Wissen – der Experte. Die Wissensbarriere kommt ins Spiel, wenn Menschen ein Unternehmen in einem bestimmten Fachbereich als Experten anerkennen und die Einsparungen, die durch den Besuch eines günstigeren Anbieters erzielt werden, das Risiko nicht wert scheinen. Die Big Five, d. h. die fünf größten amerikanischen Wirtschaftsprüfungsfirmen (oder die größten vier, drei, zwei oder eine), positionieren sich z. B. als absolute Experten auf ihrem Gebiet. Viele Unternehmen schrecken daher davor zurück, eine andere Gesellschaft zu beauftragen. Da sich so viele Unternehmen an eine der Big Five wenden, trauen andere sich wiederum nicht, eine weniger bekannte Firma zu konsultieren, weil es sie unbedeutend, unwissend oder weniger legitimiert erscheinen läßt.

Infrastruktur – das große Ganze. Einer der Gründe, warum Thomas Edison eine solche Berühmtheit erlangte, liegt darin, daß er das große Ganze durchschaute. Während andere Erfinder elektrische Lampen perfektionierten und an verschiedenen Arten von Glühfäden herumbastelten, erkannte Edison, daß für den Ersatz von Gaslampen eine ganze Infrastruktur aus »effizienter Stromerzeugung, Verkabelung, meßbarer Verteilung, Steckdosen, Sicherungen und Armaturen« notwendig war.[74] Das Erfassen und Kontrollieren des großen Ganzen versetzte Edison in die beneidenswerte Lage, eine formidable Wettbewerbshürde aufzubauen.

Übrigens war Thomas Edison nicht nur ein beeindruckender Visionär und Techniker, sondern er glänzte auch als Geschäftsmann. 1883, das heißt nur vier Jahre nach den ersten Experimenten mit elektrischem Licht, hielt die Edison Electric Light Company 215 Patente, weitere 307 waren angemeldet. Edison verteidigte seine Patente auch energisch vor Gericht – hierdurch schuf er eine weitere hohe Barriere. Bis zum Jahr 1885 produzierte seine Gesellschaft 75 Prozent der in den USA gefertigten Elektrolampen.[75]

Allianzen – der Kumpel. Die Automobile Association of America (AAA[75]) fordert von Abschleppwagen die Benutzung von Abstandshaltern. Auf diese Weise soll vermieden werden, daß die Abschleppstangen mit den vorderen Stoßstangen der abgeschleppten Autos in Berührung kommen. Bei den Abstandshaltern handelt es sich um einfache Produkte, die die AAA von einem Unternehmen kauft, das behinderte Menschen beschäftigt. Die AAA könnte wahrscheinlich einen preisgünstigeren Hersteller finden, doch die mit den Behinderten verbundene gute Publicity und die mit einem Verkäuferwechsel verbundene schlechte Publicity verbietet einen solchen Schritt. In diese Beziehung ist demnach eine enorme Barriere eingebaut.[76]

Wirbeln Sie mit dem Tornado

Wenn Sie die beschriebenen Barrieren niederreißen und viele Kunden Ihre Produkte erwerben, wird sich Ihr Produkt oder Service zu einem sicheren Selbstläufer entwikkeln. Sie haben den Sprung über den Abgrund geschafft! Jetzt wird die Nachfrage nach Ihrem Produkt Sie zum Hyperwachstum führen. Geoffrey Moore bezeichnet diese Periode als Tornado und empfiehlt in dieser Phase folgende Geschäftsstrategie: »Liefern Sie, was das Zeug hält, d. h. liefern Sie so schnell und effizient, wie Sie nur können.«[77]

75 <http://www.aaa.com/>

Wenn Sie an diesem Punkt angekommen sind, sollten Sie Ihre Preise senken und Ihren Marktanteil so weit wie möglich ausbauen. Sie müssen versuchen, eine etablierte Kundenbasis zu errichten, die größer ist als die Ihrer Konkurrenten, da Sie eine etablierte Basis zehn Jahre lang »melken« können. Das ist die gute Nachricht.
Die schlechte Nachricht lautet, daß Sie sich wahrscheinlich in das träge, den Status quo bestimmende Ekel verwandeln, das Sie früher immer verabscheut haben. (Wenigstens werden Sie ein reiches Ekel.) Wenn Sie über genügend Weitblick verfügen, erkennen Sie jedoch, daß irgendwo in einer kleinen Werkstatt die nächste Generation von Revolutionären Ihr Ende plant. Sie sollten also lieber anders denken und neue Innovationen schaffen.

Lektüre für Revolutionäre

Crossing the Chasm – Marketing and Selling High-Tech Products to Mainstream Customers, Geoffrey A. Moore, Harperbusiness, 1995, ISBN: 0887307175

Inside the Tornado – Marketing Strategies from Silicon Valley's Cutting Edge, Geoffrey A. Moore, Harperbusiness, 1995, ISBN: 0887307655. Das Tornado-Phänomen. Die Erfolgsstrategien des Silicon Valley und was Sie daraus lernen können, Gabler, 1996, ISBN: 3-409-18928-9)

Mastering the Dynamics of Innovation, James M. Utterback, Harvard Business School Press, 1996, ISBN: 0875847404

Kapitel 5: Fördern Sie Evangelisten, nicht den Absatz

Eine Frau wird häufig nach Faktoren beurteilt, auf die sie keinen Einfluß hat. Sie wird danach beurteilt, welche Rundungen ihr Körper hat bzw. welche Rundungen ihrem Körper fehlen.
Danach, wo sie flach, gerade oder rund ist. Sie wird nach 90–60–90, nach Zentimetern und Jahren und Zahlen beurteilt. Nach all den äußeren Dingen, die niemals eine treffende Aussage darüber machen, wer sie wirklich ist.
Wenn eine Frau also beurteilt werden soll, dann laßt sie uns nach Faktoren beurteilen, die sie selbst beeinflussen kann. Danach, wer sie ist und wer sie werden möchte. Denn wie jede Frau weiß, sind Maße nur Statistik, und die Statistik lügt.

Werbekampagne
von Nike

Das Phänomen des Macintosh-Evangeliums

Der Begriff Evangelium setzt sich aus den griechischen Worten *eu* (»gut«) und *angello* (»Bote«) zusammen. Genau das habe ich für Apple getan – ich habe eine frohe Botschaft verkündet. Meine Heilsbotschaft lautete, daß es einen neuen Personalcomputer gab, der dem Menschen eine größere Kreativität und Produktivität ermöglichen würde. Computerbenutzer würden nicht länger ein Diplom in Informatik, einschlägig geschultes Fachpersonal oder Nerven wie Drahtseile benötigen.

Da ich bei Apple angestellt war, könnten Sie nun einwenden, daß ich für meine Taten entlohnt wurde und deshalb nicht in die Sparte der Evangelisten falle. Es kann jedoch niemand bestreiten, daß Apple sich der Unterstützung von Zehntausenden von Macintosh-Evangelisten erfreut, die sich gebärden wie »rasende, unerbittliche Donnerechsen«.[76]

Diese Evangelisten haben Macintosh auf der ganzen Welt zum Erfolg verholfen. Sie waren weder Angestellte noch Aktionäre, doch sie hielten Macintosh voller Überzeugung für eine Heilsbotschaft und predigten diese. Kunden gründeten Anwendergruppen (User Groups), führten kostenlose Produktdemonstrationen durch, gaben Macintosh-Unterricht und rückten in Computergeschäften auf der ganzen Welt die Macintoshs in den Regalen zurecht.

Ich wünsche Ihnen, daß Sie auf solche Evangelisten zählen dürfen, wie sie uns damals zur Seite standen. Diese Missionare können Ihnen die Möglichkeit geben, die Welt zu verändern, indem sie zu Zeiten und an Orten Ihre Fahne tragen, an denen Ihr Unternehmen nicht dazu in der Lage ist. Sie werden Ihr Produkt abrunden und seine

---

76 Dieses brillante Zitat habe ich von Steve Roth geklaut.

Schwachstellen ausbessern – z. B. durch die Bereitstellung von technischem Support, wenn Sie diesen nicht anbieten können oder wollen. Außerdem werden sie Ihre Wettbewerber verwirren, wenn diese versuchen, sie mit Bestechungsgeldern und minderwertigen Produkten abzuwerben.

✍ Übung

Suchen Sie sich 10 500 Amerikaner. Überzeugen Sie diese, den ganzen Winter hindurch mit spärlichen Vorräten im Valley Forge zu campen. Zahlen Sie Ihnen kein Geld. General Washington ist dies gelungen, weil:

a) er seinen Soldaten Aktienoptionen anbot
b) er auf dem Continental Congress tolle Geschenke verteilte
c) sein Unterstützungspersonal Franzosen waren
d) zu jener Zeit amerikanische Programme mit einer Monarchie nicht kompatibel waren[78]

Verkündigung des Evangeliums: Häufig gestellte Fragen, Teil I

Die ersten 90 Prozent einer Revolution schaffen das Produkt oder die Dienstleistung, die zweiten 90 Prozent verkündigen das Evangelium dieses Produkts. Zu Beginn einer Revolution brauchen Sie statt hoher Umsätze Evangelisten und Missionare, weil die Nachricht von der Ankunft Ihres Produkts ins Volk getragen werden muß. Um die Missionarsarbeit zu beschleunigen, folgen nun die Antworten auf die häufigsten Fragen zur Verkündigung des Evangeliums als weltliche Geschäftspraktik.

Frage: Was verbirgt sich hinter der Verkündigung des Evangeliums?
Antwort: Durch die Verkündigung des Evangeliums bringen Sie Menschen dazu, nicht nur bei Ihnen zu kaufen, sondern so sehr an Ihr Produkt, Ihren Service, Ihr Unternehmen zu *glauben*, daß sie sich gezwungen fühlen, auch andere Menschen zu bekehren.

Frage: Wo liegt der Ausgangspunkt für die Verkündigung des Evangeliums?
Antwort: Der Ausgangspunkt liegt in einem großartigen Produkt oder Dienst, der Menschen Kraft verleiht und ihr Leben verbessert. Kunden müssen sagen können: »Das ist gut. Das macht die Welt besser.«

Frage: Worin unterscheidet sich die Verkündigung des Evangeliums von Mundpropaganda?
Antwort: Jedes Produkt oder jeder Service, der die Verkündigung des Evangeliums katalysiert, wird von einer guten Mundpropaganda begleitet. Doch nicht alle Produkte oder Services, die sich einer guten Mundpropaganda erfreuen, führen auch zur Verkündigung des Evangeliums. Mundpropaganda ist der Vorläufer der Verkündigung des Evangeliums. Letztere ist jedoch proaktiver und offensiver.

Frage: Können Evangelisten ihre Qualitäten auf alle Produkte anwenden?
Antwort: Nein. Evangelisten können nur die Produkte predigen, an die sie glauben. Stellen Sie nicht einen Evangelisten eines anderen Unternehmens ein und erwarten Sie von ihm, daß er Ihr Produkt ebenso effektiv predigt. Das wird erst funktionieren, wenn er Ihr Produkt lieben gelernt hat.

Frage: Werden Evangelisten geboren oder gemacht?
Antwort: Evangelisten werden gemacht (wie könnte ich sonst Bücher verkaufen?). Jeder kann zum Evangelisten werden, wenn er ein lebensveränderndes Produkt schafft oder von diesem in den Bann gezogen wird. Man wird nicht als Evangelist geboren.

Frage: Worin unterscheidet sich die Verkündigung des Evangeliums vom Verkaufen?
Antwort: Dem Evangelisten geht es um das Wohl anderer Menschen. Einem Verkäufer geht es um das eigene Wohl. Die meisten Missionare für ein Produkt sind weder Angestellte noch Aktionäre der Firma, die das entsprechende Produkt vertreibt.

Frage: Gibt es Produkte, die nicht gepredigt werden können?
Antwort: Ein guter Marketer wird Ihnen erzählen, daß kein Produkt nur eine Ware ist. Ein guter Evangelist wird Ihnen erzählen, daß alle Produkte gepredigt werden können, wenn sie für jemanden eine frohe Botschaft darstellen. Die Bekehrungsfähigkeit liegt im Auge des Betrachters.

Phasen der Verkündigung des Evangeliums

Als wir 1984 begannen, Macintosh zu predigen, wußten wir nicht, was wir taten. Diese Unwissenheit war ein Geschenk des Himmels, weil sie uns die Möglichkeit gab, Unterstützung bei Firmen und Menschen zu suchen, die von traditionellen Verkaufs- und Marketingverfahren ignoriert worden wären. Dank meiner vierzehnjährigen Erfahrung habe ich in puncto Evangelium jedoch einiges dazugelernt und die folgenden Schritte festgehalten:

Unterlegen Sie Fakten mit Emotionen

Die Verkündigung des Evangeliums beginnt mit einem großartigen Produkt oder Service. Die Merkmale, die ein Produkt oder einen Dienst großartig machen, sind die »Fakten«. Diese Fakten werden in Einheiten gemessen wie Megahertz, Pferdestärke, Megabytes, Kilowattstunden, Meter und Zentimeter. Viele Menschen glauben, daß Erfolg anhand der folgenden klassischen Formel berechnet wird:

Erfolg = Fakten/Preis

Auf der Grundlage der obigen Kalkulation läßt sich der Erfolg mittels zweier Methoden steigern: Vergrößern Sie den Zähler (Fakten) oder verkleinern Sie den Nenner (Preis). Eine Vergrößerung der Fakten bedeutet, ein Produkt mit neuen, vom Kunden gewünschten Merkmalen auszustatten, so daß sich das Produkt größer, schneller oder funktioneller präsentiert. Den Preis zu verkleinern heißt, für das gleiche Faktenbündel weniger Geld zu verlangen.[79]
Die Verkündigung des Evangeliums offeriert eine weitere Methode für die Vergrößerung des Zählers: Unterlegen Sie die Fakten mit Emotionen:

Erfolg = (Fakten + Emotionen)/Preis

Die Nike[77]-Werbung zu Beginn des Kapitels liefert ein anschauliches Beispiel für dieses Konzept. Die Anzeige wirbt für eine Kombination aus Baumwolle, Leder und Gummi, genannt Nike Women's Aerobic Shoe. Nike sagt den Frauen nicht: »Wir haben hier eine Kombination aus

77 <http://www.nike.com/>

Baumwolle, Leder und Gummi, die unter fragwürdigen Bedingungen im Fernen Osten hergestellt wurde. Sie haben 150 Dollar. Wenn Sie uns Ihre 150 Dollar geben, geben wir Ihnen Baumwolle, Leder und Gummi.«
Statt dessen hat Nike dafür gesorgt, daß seine Aerobicschuhe für Kraft, Effizienz und Unabhängigkeit stehen, indem es die Fakten mit Emotionen unterlegte. Merke: Emotionen und Fakten bilden ein starkes Team.

Zuhören und wiederkäuen

Wenn Personen für Ihre Revolution empfänglich sind, werden sie Ihnen schon mitteilen, wie sie bekehrt werden wollen. Ich machte diese Erfahrung zum ersten Mal, als ich Softwareentwicklern 1984 die frohe Botschaft Macintosh verkündete. Auf den ersten Versammlungen mit Entwicklern brachten wir die folgenden drei Argumente vor:

- Macintosh stellt einen technologischen Durchbruch dar. Mit der Möglichkeit, in der auf dem Bildschirm gezeigten Form zu drucken, mit Balkenmenüs und Symbolschnittstellen können Entwickler endlich die Software programmieren, von der sie immer geträumt haben.
- Macintosh erweitert den Markt für Personalcomputer und somit den Markt für Ihre Software. Aufgrund des hohen Bedienungskomforts des Macintosh werden sich jetzt auch jene Menschen einen Computer kaufen, denen die Benutzung bisher zu schwierig erschien.
- Wenn Sie Macintosh-Software entwickeln, streuen Sie Ihr Risiko. IBM veröffentlicht Anwendungssoftware von MS-DOS und konkurriert mit Ihnen, so daß der Markt für Ihre Software unter extremer Anbieterfülle leiden könnte.

Falls überhaupt Interesse an der Macintosh-Entwicklung bestand, so sprach eines dieser drei Argumente die Versammlungsteilnehmer an, und sie begannen, zu unseren Ausführungen Stellung zu nehmen. Von dem Augenblick an maßen wir den anderen beiden Argumenten weniger Bedeutung bei und konzentrierten uns auf den Punkt, der bei den Entwicklern Anklang gefunden hatte.
Merke: Stellen Sie mehrere Argumente für Ihr Evangelium zusammen, erläutern Sie diese kurz und beobachten Sie, welche Wirkung sie erzielen. Ihre Zuhörer werden Ihnen dann schon erzählen, auf welche Weise sie missioniert werden wollen.

Lassen Sie tausend Blumen blühen

Wir dachten, wir wüßten, welche Software dem Macintosh zum Durchbruch verhelfen würde: ein Arbeitsblatt von Lotus, ein Textverarbeitungssystem von MicroPro und eine Datenbank von Ashton-Tate. Wenn Sie sich mit der Geschichte des Macintosh auskennen, dann wissen Sie, daß wir für drei Unternehmen auf dieser Liste absolut uninteressant waren.
In der Zwischenzeit erschien eine unbekannte Person von einer unbekannten Firma mit einem unbekannten Produkt bei Apple, wo sie mit dem für den LaserWriter zuständigen Produktmanager verabredet war. Die unbekannte Person hieß Paul Brainerd, die Firma hieß Aldus Corporation,[78] und das Produkt war PageMaker. PageMaker säte eine ganze Blumenwiese namens Desktop Publishing, und das Desktop Publishing rettete Apple Computer.
Niemand bei Apple sah voraus, welcher Markt durch das Desktop Publishing entstehen würde (auch wenn Sie in

78 <http://www.adobe.com/>

einigen Büchern über Apple vielleicht etwas anderes gelesen haben). Niemand konnte sich vorstellen, Farbtöpfe, Rapidographen und Lineale (d. h. analoges Zeug) durch einen Macintosh, LaserWriter und PageMaker (d. h. digitales Zeug) zu ersetzen. Niemand von Apple schrieb eine Spezifikation für PageMaker, und niemand erzählte mir, daß ich dieses Produkt predigen sollte.

PageMaker war ein Geschenk, eine blühende Blume. Wir hatten nicht danach gesucht, und wir hatten es nicht geplant. Hier wird deutlich, daß die endgültige Verwendung eines Produkts mit den Absichten seines Schöpfers manchmal nichts zu tun hat. Wußten Sie, daß das Telefon zuerst zur Übertragung von Konzerten in Budapest benutzt wurde? Und daß Edison den Phonographen als Instrument für die Geschäftskorrespondenz anpries?

Merke: Säen Sie viele Samen, und lassen Sie tausend Blumen blühen. Lassen Sie die Leute Ihr Produkt auf eine Art und Weise benutzen und »mißbrauchen«, die Ihnen im Traum nicht eingefallen wäre. Beschränken Sie die Verwendung Ihres Produkts nicht auf Ihre Vision, weil eine unvorhergesehene Benutzung der »PageMaker« sein könnte, der Ihr Unternehmen rettet.

Übung

James Watt setzte die Dampfmaschine für folgenden Zweck ein:

a) um Lokomotiven anzutreiben
b) um Wasser aus Bergwerken zu pumpen
c) um Luft zu Tiefseetauchern zu pumpen
d) um Fließbänder in Fabriken anzutreiben

Nutzen Sie günstige Winde!

Wenn Sie das Glück haben, daß Blumen für Sie heranwachsen, heißt es nun, die Gunst des Augenblicks zu nutzen. Erobern Sie Ihre Nische, indem Sie Komplettlösungen entwickeln und das volle Potential Ihres Produktes ausschöpfen. Man beachte die unerwarteten Ursprünge folgender Alltagsprodukte:

Atlee Burpee and Company.[79] Washington Atlee Burpee war Fachmann in Sachen Hühnerzucht. Noch als Schüler der High-School veröffentlichte er mehrere Artikel in einschlägigen Fachzeitschriften und betrieb vom Hause seiner Eltern aus einen Geflügelhandel. Im Jahr 1878 begann er mit dem Verkauf von Samen, mit dessen Hilfe seine Kunden hochwertiges Futter für ihre Tiere anbauen konnten.

Sehr zu Burpees Überraschung erhielt er mehr Bestellungen für Samen als für Geflügel. In Anerkennung dieser Entwicklung fokussierte Burpee seinen Katalog auf den Verkauf von Gemüse-, Obst- und Blumensamen (lassen Sie tausend Gurken blühen?) und avancierte zu einem berühmten Samenanbieter, während Küken und Hühner an Bedeutung verloren.[80]

SOS Soap Pads. 1917 verdiente Edwin W. Cox seine Brötchen als Vertreter für Aluminiumtöpfe in San Francisco. Das Geschäft lief miserabel, weil die Vorteile von Aluminiumtöpfen noch nicht bekannt waren. Cox brauchte ein kleines Geschenk, mit dem er die Hausfrauen dazu überreden konnte, ihnen seine Produkte präsentieren zu dürfen.

Er wußte, daß sich angebranntes Essen nur schwer von Töpfen und Pfannen entfernen ließ. Auf der Suche nach einem geeigneten Reiniger stellte Cox Versuche mit

---

79 <http://www.burpee.com/>

Stahlwolle-Pads an, die er in einer Seifenlösung tränkte. Als sich immer mehr Kunden nach seiner neuartigen Spülhilfe erkundigten, kehrte Cox den Kochtöpfen den Rücken zu und widmete sich ganz dem Verkauf seiner Putzkissen. Seine Frau nannte die Pads »Save Our Saucepans« (rettet unsere Pfannen!) – so entstanden die SOS-Pads.[81]

Kleenex. Im Ersten Weltkrieg, als Baumwollstoffe knapp waren, erfand Kimberly-Clark[80] ein saugfähiges Material namens Zellstoffwatte. Dieses Material wurde für Verbände und Luftfilter in Gasmasken benutzt. Nach dem Krieg positionierte das Unternehmen einzelne Tücher aus dem Material als Kosmetikprodukt: Hollywood- und Broadwaystars entfernten mit diesen Tüchern ihr Make-up. Das Produkt wurde angepriesen als »Kleenex-Tücher zur hygienischen Entfernung von Feuchtigkeitscreme.«

Wenngleich das Produkt als Make-up-Entferner beachtliche Erfolge erzielte, berichteten immer mehr Kunden dem Unternehmen, daß sie Kleenex als Papiertaschentuch benutzten. Im Jahr 1921 konstruierte der in Chicago lebende Erfinder Andrew Olsen eine aufklappbare Tücherbox, die Kleenex zu einem noch vollständigeren Produkt machte.

1930 war das Management von Kimberly-Clark verwirrt und gespalten: War Kleenex nun ein Make-up-Entferner oder ein Papiertaschentuch? Zur Klärung dieser Frage führte Kimberly-Clark in Peoria, Illinois, eine Untersuchung durch. Die Kunden wurden aufgefordert, für eine Gratisschachtel Kleenex einen von zwei Coupons einzuschicken. Auf einem Coupon stand zu lesen: »Wir bezahlen, um zu beweisen, daß es keinen besseren Make-up-Entferner gibt als Kleenex.« Der andere Coupon

80 <http://www.kimberly-clark.com/>

trug folgende Aufschrift: »Wir bezahlen, um zu beweisen, daß Kleenex ein wunderbares Taschentuch ist.« 61 Prozent der eingeschickten Coupons plädierten für Kleenex als ideales Taschentuch, und seit jenem Augenblick putzen wir uns mit Kleenex die Nase.[82]

Diese drei Beispiele illustrieren das Konzept des »Nutzens günstiger Winde«. In allen drei Fällen eröffneten sich »per Zufall« neue Geschäftsmöglichkeiten. Sobald Sie erkennen, daß sich Ihnen eine unerwartete Chance bietet, müssen Sie die Gelegenheit beim Schopfe packen und ein vollständiges Produkt entwickeln, um den plötzlich sich öffnenden Markt zu bedienen.

Beispiel

Schreiben Sie einen Aufsatz, in dem Sie die folgende Frage beantworten:
Warum ist es besser, Glück zu haben, als clever zu sein (vorausgesetzt, Sie sind clever genug, um zu erkennen, wann Sie Glück haben)?

Bieten Sie einen leichten Einstieg an

Wenn die Dinge ins Rollen kommen, sollten Sie einen einfachen ersten Schritt anbieten, damit das Produkt leichter angenommen werden kann. Schließlich stellen revolutionäre Änderungen für viele Menschen eine Bedrohung dar und stoßen daher auf Widerstand. Sie müssen den Kunden, die Sie zuerst bekehren wollen, eine sanfte, flache Adoptionskurve offerieren.

Bevor elektrische Glühbirnen sich zur Standardbeleuchtung entwickelten, wurden vielerorts Gaslampen verwendet. Im Jahre 1900 verkaufte William Coleman,

ein ehemaliger Jurastudent, der sich nun als Kaufmann versuchte, in Kingsfisher, Oklahoma, eine neue Marke von Gaslampen. Er konnte sich zunächst nicht erklären, warum er nach rund sechzig Gesprächen nur zwei Lampen verkauft hatte – und das in einer Stadt, in der zahlreiche Ladenbesitzer ihre Geschäfte auch nach Einbruch der Dunkelheit noch geöffnet hatten. Der Besitzer des örtlichen Gasthauses berichtete ihm, daß ein anderer Händler Dutzende von Gaslampen verkauft hatte, die verrußten und nicht mehr funktionierten, sobald der Kaufmann die Stadt verlassen hatte.[83]
Konfrontiert mit einer mißtrauischen Gruppe von Kunden, die sich nicht zum zweiten Mal übers Ohr hauen lassen wollte, revidierte Coleman seinen Ansatz. Er erkannte, daß er nicht ein Produkt verkaufte, sondern den Vorteil, ein Geschäft bis in die späten Abendstunden geöffnet haben zu können. Coleman beschloß daher, seine Lampen an Geschäftsinhaber zu vermieten. Statt die Kunden aufzufordern, die Lampen für 15 Dollar zu kaufen, vermietete er sie für 1 Dollar die Woche. Falls eine Lampe nicht funktionierte, bekamen die Kunden ihr Geld zurück.
Die Idee der Vermietung setzte sich durch, weil die Ladenbesitzer jetzt kein Risiko mehr eingingen: Coleman konnte alle zwölf Demonstrationslampen aufstellen.
Heute haben elektrische Glühbirnen in Amerika längst die klassische Gaslaterne verdrängt. Lange bevor dieser Übergang vollzogen war, ging Coleman[81] auf eine neue Zielkundschaft zu und verkaufte seine Gaslampen an Camper, Angler und andere Freiluftfreunde.
93 Jahre nach Colemans Bemühungen veranschaulichte auch die Menlo Park Presbyterian Church aus Menlo Park, Kalifornien, das Konzept des leichten Einstiegs.

81 <http://www.coleman-eur.com/>

Als die Kirche im Altarraum große Videowände und Bildschirme aufstellte, damit ihre 5 000 Mitglieder die Texte der Kirchenlieder lesen und die Sänger gut sehen konnten, führte sie diese Technologie in mehreren Stufen ein. Der erste Schritt bestand darin, die Gesichter von Babys bei der Taufe zu zeigen. Wer konnte da widersprechen?

Verkündigung des Evangeliums: Häufig gestellte Fragen, Teil II

Es folgt nun Teil II der häufig gestellten Fragen zur Missionarsarbeit. Dieser Teil enthält Antworten auf anspruchsvollere Fragen.

Frage: Woher weiß ich, ob jemand einen guten Evangelisten für mein Produkt oder meine Sache abgeben wird?
Antwort: »... Freuen dürfen sich alle, die nicht sehen und trotzdem glauben.«[84] Hier kommt es vor allem darauf an, daß die Person Ihr Produkt liebt und an Ihr Produkt glaubt. Dieser Faktor wird darüber entscheiden, ob die Person als Evangelist Erfolg hat – Ausbildung und Arbeitserfahrung spielen nur eine untergeordnete Rolle. Entscheiden Sie sich daher eher für einen Menschen, der Ihr Produkt liebt, als für eine Person, die zwar über einen beeindruckenden Hintergrund verfügt, aber keine Leidenschaft für Ihr Produkt empfindet.
Noch eine Anmerkung zur Suche nach Evangelisten: Die besten Missionare für ein Produkt werden auf Sie zukommen – Sie müssen sie gar nicht suchen. Diese Evangelisten werden Sie aufspüren und alles daransetzen, in Ihrem Unternehmen arbeiten zu dürfen.

Frage: Wie kann ich feststellen, ob jemand meiner Sache überhaupt offen gegenübersteht?
Antwort: Sie sehen es in seinen Augen: Entweder er begreift, oder er begreift nicht. Und entweder begreift er

Ihre Sache in den ersten fünf Minuten oder überhaupt nicht. Und wenn er nicht gleich begreift, dann sollten sich Ihre Wege trennen – egal, wie wichtig die Person für den Erfolg Ihres Produkts zu sein scheint.

Frage: In den USA verwenden heutzutage viele Unternehmen die Berufsbezeichnung »Evangelist«. Woher weiß ich, ob es sich wirklich um Missionare handelt?
Antwort: Fragen Sie sich, um wessen Interessen es dem Unternehmen tatsächlich geht: um seine eigenen Interessen oder um die Interessen der Menschen, die es zu bekehren versucht. Ein Evangelist handelt im Interesse der anderen.

Frage: Verantwortungsgefühl und Besitzerstolz spielen in einem missionierenden Unternehmen eine bedeutende Rolle. Wie kann ich Verantwortungsgefühl und Besitzerstolz aufbauen?
Antwort: Halten Sie mich für naiv, aber Verantwortungsgefühl und Besitzerstolz werden nicht *aufgebaut*. Sie sind – abhängig von den realen Umständen – entweder da oder nicht. Wenn Sie Wert auf Verantwortungsgefühl und Besitzerstolz legen, müssen Sie dafür sorgen, daß die Beiträge anderer Personen genutzt werden. Ein Vortäuschen dieser Gefühle ist unmöglich.

Frage: Wie halten Sie bei Evangelisten oder Managern von Evangelisten das Interesse wach?
Antwort: Evangelisten brauchen Aufregung und Nervenkitzel. Sobald eine Sache Erfolg verbucht, ist es schwierig, Interesse aufrechtzuerhalten. Drei bis fünf Jahre sind das Maximum für eine engagierte Missionarsarbeit, dann müssen Evangelisten sich einer neuen Herausforderung stellen. Führen Sie sich dies vor Augen und planen Sie entsprechend.

Frage: Was kann ein Evangelist tun, um nicht wie ein Fanatiker zu wirken?

Antwort: Mit dieser Frage geben Sie einen bestimmten Rahmen vor, und ich möchte mich nicht in einen Rahmen pressen lassen. Die Frage deutet an, daß Fanatismus von Natur aus negativ ist und man es deshalb vermeiden sollte, fanatisch zu wirken. Vielleicht hat Fanatismus auch seine guten Seiten. Die Definition von fanatisch lautet »in rasende Begeisterung versetzt«.

Ich möchte hier nicht zu Übertreibungen anregen, aber es gibt Zeiten, in denen eine rasende Begeisterung durchaus angebracht ist. Menschen, die den Status quo hochhalten, *nota bene,* müssen sich vielleicht den Vorwurf gefallen lassen, daß sie sich »rasend dem Wandel entgegenstellen«.

Frage: Was war die schwerste Prüfung, die Sie als Evangelist je bestehen mußten?

Antwort: Mir einzugestehen, daß Microsoft Windows trotz all meiner Missionarsarbeit die Welt beherrschen würde.

Lektüre für Revolutionäre

Panati's Extraordinary Origins of Everyday Things, Charles Panati, HarperPerennial, 1987, ISBN: 0060964197 (Universalgeschichte der ganz gewöhnlichen Dinge, Eichborn 1994, ISBN: 3-8218-4444-2)

Selling the Dream – How to Promote Your Product, Company, or Ideas and Make a Difference Using Everyday Evangelism, Guy Kawasaki, HarperBusiness, 1992, ISBN: 0887306004 (Selling the Dream. Die Kunst, aus Kunden Missionare zu machen, Signum 1997, ISBN: 3-85436-231-5)

Kapitel 6: Vermeiden Sie die Todesmagneten

Die Häufigkeit, mit der einer Gewohnheit nachgegangen wird, steht allgemein in direktem Verhältnis zu ihrer Absurdität.
Marcel Proust

Eine Lektion vom National Training Center

Der Begriff Todesmagnet – Death Magnet – wurde von Jim Jones geprägt, einem ehemaligen Kommandeur einer M60-Panzerdivision.[85] Gemeinsam mit seiner Einheit schuf er dieses Wort, als sie im National Training Center[82] der U.S. Army in Fort Irwin, Kalifornien, eine Ausbildung absolvierten. In diesem Trainingszentrum üben sich die Besucherbrigaden und das Heimteam in »direkter Beschußsimulation«,[83] um ihre Kampfbereitschaft zu erhöhen.
Jones stellte eine verblüffende Tatsache fest: Die Befehlshaber der Gäste fuhren mit ihren Panzern stets durch Gebiete, in denen bereits andere Panzer während der Übungen vor ihren Augen »vernichtet« worden waren. Manchmal pflasterten so viele »tote« Fahrzeuge das Gelände, daß die noch fahrtauglichen Panzer kaum hindurchkamen. Dennoch wählten sie beharrlich diesen Weg. Jones nannte diese Gebiete »Todesmagneten«.
Panzer können sich in gebirgigem oder waldigem Gelände nur schwer fortbewegen, auch Flüsse, Canyons und Kanäle können ihnen den Weg versperren. Panzerkommandanten neigen daher dazu, durch Ebenen und Täler oder über Autobahnen und Straßen zu fahren. Wenn der Feind dies weiß, kann er sein Gelände und die darin enthaltenen Hindernisse dazu nutzen, den Gegner in tödliche Zonen zu schleusen. Jeder Soldat mit Kampferfahrung weiß, daß »der einfachste Weg vermint ist«. Der einfachste Weg ist ein Todesmagnet.
Auch in der Geschäftswelt gibt es Todesmagneten – es sind die traditionellen Gewohnheiten und Denkmuster, von denen sich Unternehmen immer wieder verführen

82 <http://www.irwin.army.mil/>
83 <http://www.irwin.army.mil/command/sld028.htm/>

lassen. Ebenso wie erfolgreiche Panzerkommandanten müssen auch Revolutionäre diesen Magneten ausweichen. Es folgt nun eine Erläuterung der zehn häufigsten Todesmagneten.

Todesmagnet #10: Pflücken Sie zuerst die tiefhängenden Früchte

Verhängnisvolle Denkmuster sehen folgendermaßen aus:

Die Besessenen und die Schwachköpfe, die schon früh neue Produkte akzeptieren, werden fast jedes neue Gerät kaufen. Sie sind die tiefhängenden Früchte, die man leicht pflücken kann – nimm also ihr Geld und nutze ihre Gutgläubigkeit.

Diese Analogie ist nicht einmal landwirtschaftlich korrekt. Wenn Sie zuerst nach den tiefhängenden Früchten greifen, klettern Sie die Leiter mit einer schweren Tasche hoch. Außerdem sind die höher hängenden Früchte stärker der Sonne ausgesetzt und reifen somit früher. Diese sollten Sie zuerst pflücken, nicht die tiefhängenden Kirschen.[86]

In der Geschäftswelt finden sich ohne Mühe passende Analogien zu diesen beiden agrarischen Erkenntnissen.

- **Klettern mit der schweren Tasche.** Frühadopter sind ein furchterregendes Volk. Sie lieben neue Produkteigenschaften, so daß sie sich für Ihr Produkt ständig neue Glöckchen und Schleifchen wünschen werden – sie entwickeln sich zu einer schweren Tasche. Wenn Sie versuchen, ihnen zu erklären, daß Sie Ihr Produkt einfach halten wollen, so daß es sich auch für Neulinge eignet, legen sie dieses Verhalten als mangelnde Kooperationsbereitschaft oder Dummheit aus.

- **Andere Früchte sind reifer für Ihr Produkt.** Wenn Sie ein revolutionäres Elektrowerkzeug kreiert haben, das beispielsweise die Tischlerarbeit enorm erleichtert, so scheinen professionelle Tischler eine leichte Beute zu sein. Diese werden jedoch in ihrer Art, neue Werkzeuge zu kaufen, eine recht konservative Haltung an den Tag legen. Wahrscheinlich wollen sie gar nicht zugeben, daß ein neues, revolutionäres Werkzeug auf dem Markt ist. Bei den reiferen Früchten könnte es sich um Handwerker handeln, die das Tischlerhandwerk noch nicht beherrschen und daher ein leicht zu handhabendes Werkzeug zu schätzen wissen.

Wie ich in Kapitel 4 (Reißen Sie Barrieren nieder) bereits erwähnt habe, war ich Präsident einer Softwarefirma, die eine relationale Datenbank für Highend-Zwecke namens 4th Dimension herausbrachte. Wir pflückten zuerst die tiefhängenden Früchte, sprich Datenbankprofis und Programmierer, welche die Leistungsfähigkeit unseres Produkts und die Bandbreite seiner Merkmale liebten. Von Anfang an drängten uns diese Kunden, die Datenbank mit neuen Eigenschaften auszustatten. Wir konnten uns daher nie auf die Benutzerfreundlichkeit des Produkts konzentrieren, so daß uns die weitaus größere Kundengruppe der technisch weniger versierten Menschen verschlossen blieb.
Generell treten Probleme auf, wenn Sie Ihre Erfahrungen mit den tiefhängenden Früchten auf den übrigen Markt hochrechnen. Sie werden feststellen, daß ein Produkt, das sich für diese spezielle Klientel eignet, für »Otto Normalverbraucher« zu komplex ist. Auf der anderen

Seite sind Produkte, an denen »Otto Normalverbraucher« Gefallen findet, für Spezialisten zu simpel. Pflükken Sie die Früchte, die sich strategisch anbieten, nicht unbedingt die tiefhängenden.

Todesmagnet #9: »Unser Produkt ist gar nicht mehr so schlecht«

Sich selbst zu täuschen, indem Sie Ihr Produkt mit vorherigen Versionen oder dem Angebot der Konkurrenz vergleichen, bildet den Todesmagneten »unser Produkt ist doch gar nicht mehr so schlecht«. Vielleicht waren frühere Produktversionen oder die Erzeugnisse der Wettbewerber schlicht und einfach »erbärmlich«. Die Windows-Versionen vieler DOS-Programme stellen z. B. relativ gesehen enorme Verbesserungen dar. Falls Sie das Produkt jedoch aus der Perspektive eines neuen Anwenders betrachten, bietet die Software immer noch zu wenig Bedienerkomfort.
Vielleicht ist Ihr Produkt wirklich gar nicht mehr so schlecht, reichen die entsprechenden Verbesserungen jedoch absolut gesehen aus? Wer sich mit kleineren Optimierungen begnügt, überläßt Firmen, die dem Markt realistischer gegenüberstehen, günstige Gelegenheiten. Erfolge feiern jene Unternehmen, die ihre neusten Versionen an allen für das Problem angebotenen Lösungen und an allen Kundenbedürfnissen messen.
Folgende Faustregel läßt sich festhalten: Revolutionäre sollten danach streben, die optimale Lösung machbar zu machen, nicht die machbare Lösung als optimal hinzustellen.

Todesmagnet #9 a: Schleichende Verschlechterung

Der Todesmagnet »schleichende Verschlechterung« ist eng mit dem vorherigen Todesmagneten verknüpft. Er umschreibt das Phänomen, daß ein Unternehmen sein Produkt ein klein wenig verschlechtert, um große Kosteneinsparungen zu erzielen: »Laßt uns eine Version herausbringen, die zwar um 5 Prozent schlechter ist als die vorherige, in der Herstellung jedoch 50 Prozent weniger Kosten verursacht.«
Stellen Sie sich eine Brauerei vor, die ihr Brauverfahren dahingehend ändert, daß das Bier fast so gut schmeckt wie vorher, jedoch wesentlich billiger herzustellen ist. Mit diesem neuen Produkt kann die Brauerei ihre Wettbewerber über den Preis attackieren. Die Konkurrenz zieht jedoch nach, so daß sich unsere Brauerei entschließt, ihr Bier auf Kosten der Qualität noch günstiger anzubieten – dies wiederholt sich so oft, bis das Produkt ruiniert ist.
Nach einigen »Runden« bietet unsere Brauerei Spülwasser an, das nicht mehr verkäuflich, geschweige denn revolutionär ist. Genau dieses Desaster erlebte Schlitz in den 70er Jahren.[87]

Todesmagnet #8: »Das Budget ist der König«

Kennen Sie folgende Situation? Ihrem Unternehmen eröffnet sich eine wunderbare Geschäftsmöglichkeit. Sie birgt zwar ein gewisses Risiko (d. h. zusätzliche Kosten), kann jedoch zu ungeahnten Erfolgen führen. Als Sie um eine Billigung der erforderlichen Mittel ersuchen, werden Sie mit der Floskel »uns fehlt das Geld« abgespeist.
Es spielt keine Rolle, daß es sich um eine einmalige Chance handelt. Es spielt keine Rolle, daß der Grenzerlös die Grenzkosten übersteigen wird. Es spielt keine

Rolle, daß Sie das Geld aus weniger wichtigen Bereichen abzweigen könnten. Die gedankenlose Reaktion lautet: »Es geht nicht.« Willkommen beim Todesmagneten »das Budget ist der König«.
Tatsächlich stellt das Budget nur selten das eigentliche Problem dar. Die unreflektierte Verbeugung vor dem Unternehmensetat zeugt vielmehr von Führungsschwäche, mangelhafter Kommunikation und unangemessenen internen Machtkämpfen:

- **Führungsschwäche.** Ich habe bei Apple wahre Blütezeiten unternehmerischer Unbeholfenheit miterlebt. Unter einer guten Unternehmensführung präsentierten sich Budgets als lebendige Dokumente, die sich mit den geschäftlichen Bedingungen und Möglichkeiten änderten. In Zeiten ohne Führung schwangen die Budgets das Zepter im Unternehmen. Tatsächlich sprach man von ihnen wie von echten Personen: »Das Budget sagt, daß wir das nicht tun können.«
- **Kommunikation.** Wenn es der Unternehmensführung nicht gelingt, eine strategische Ausrichtung zu kommunizieren (entweder weil das Management nicht kommunizieren kann oder weil es nichts zu kommunizieren gibt), so übernehmen die Budgets unweigerlich die Herrschaft. Da niemand den Mitarbeitern mitteilt, welchen Projekten und Märkten eine besondere Bedeutung zukommt, gehen die Beschäftigten davon aus, daß das Kapital, das den einzelnen Tätigkeitsfeldern zugewiesen wird, die Prioritäten des Unternehmens widerspiegelt.
- **Interne Machtkämpfe.** In Zeiten von Machtkämpfen innerhalb eines Unternehmens übernehmen Budgets die Rolle von Verträgen und Demarkationslinien. Sie legen die Mason-Dixon-Line zwischen dem nördlichen Marketing und der südlichen Technikabteilung, den

östlichen Finanzbudgets und den westlichen Serviceverträgen fest. Über diese Teilungen wird jedoch vergessen, daß ein Unternehmen als ein Land auftreten sollte.

Ich möchte hierzu zwei Beispiele aus dem wirklichen Leben anführen (ich habe zum Schutze der Schuldigen die Firmennamen entfernt).
Ein Lieferunternehmen ließ eine Flugzeug-Crew mit einer Fluggesellschaft zurückfliegen, die die Tickets pro Person um 50 Dollar günstiger anbot, für den Flug jedoch zweieinhalb Stunden länger brauchte. Die Überstundenkosten für die zweieinhalb Stunden gingen weit über die Einsparung von 50 Dollar hinaus. Dies spielte jedoch keine Rolle, da diese Mittel aus einem anderen Etat stammten.
Ein Automobilhersteller wechselte von einem Budget mit starren und variablen Posten zu einem vollständig starren Budget, um seine Kosten besser kontrollieren zu können. Das Budget enthielt jedoch auch Positionen, deren Anstieg eigentlich Anlaß zur Freude hätte geben müssen – z. B. steigende Energiekosten bei steigender Produktion aufgrund von steigender Nachfrage. Das starre Budget legte die zusätzliche Produktion leider als Kostenüberschreitung aus. Die Lösung? Weniger Autos verkaufen![88]
Das Budget ist nicht König, sondern Diener. Dies funktioniert jedoch nur, wenn König, Königin, Prinzen und Prinzessinnen zum Wohle des Landes zusammenarbeiten.

Todesmagnet #7: Wir müssen stets konsequent sein

Konsequenz kann durchaus vorteilhaft sein. Sie gibt Menschen die Möglichkeit, ohne unangemessene Ablenkungen, Unterbrechungen und ohne störende Unordnung zu leben. Konsequenz wird daher mit geistiger und moralischer Stabilität und gesundem Urteilsvermögen in Verbindung gebracht. Die positiven Seiten, die Konsequenz so wertvoll erscheinen lassen, halten jedoch von unabhängigem Denken ab und machen die Konsequenz zu einem Todesmagneten.

Robert B. Cialdini, Professor für Psychologie an der Arizona State University in Tempe, erläutert in seinem Buch *Influence: The Psychology of Persuasion*, warum sture Konsequenz so anziehend wirkt:

Zunächst einmal offeriert sie eine Art Abkürzung durch das Leben. Wenn wir uns in einem bestimmten Punkt eine Meinung gebildet haben, müssen wir diese nicht mehr hinterfragen und brauchen keine neuen, möglicherweise widersprüchlichen Informationen zu analysieren.[89] Erinnern Sie sich an die Managementfloskel »Es wurde noch niemand gefeuert, weil er IBM gekauft hat«? Dieses Verhalten führte zu ungeeigneten Kaufentscheidungen, die sich sowohl für die Kunden als auch für IBM selbst letztendlich als nachteilig erwiesen.

Zweitens bietet sture Konsequenz Seelenfrieden. Wir sparen mit ihrer Hilfe nicht nur Zeit, sondern können auch einen Bogen um verwirrende oder störende Informationen machen.[90] Unwissenheit kann zwar ein Geschenk des Himmels sein, führt jedoch nicht immer zu optimalen Lösungen. »Es ist mir egal, ob Kunden direkt über das Internet bei uns kaufen wollen. Wir haben immer mit einem Händlernetz gearbeitet.«

Sie legen keinen Wert auf sture Konsequenz? Sie suchen nach optimalen Lösungen? Wenn Sie sich in einer Entscheidung gefangen fühlen, von der Sie wissen, daß sie falsch ist, dann gehen Sie dagegen an, kämpfen Sie für Ihre Überzeugung oder versuchen Sie, Zeit zu gewinnen... Tun Sie alles mögliche, nur geben Sie nicht nach.

✍ Übung

Vor Jahren testete jemand Windows 1.0 und stellte fest, daß Windows nicht annähernd soviel leistete wie Macintosh. Aus diesem Grund testete die Person nie wieder eine Windows-Version.
Dieser Mensch war:
a) schlau
b) effizient
c) auf dumme Art konsequent

Vor Jahren testete jemand einen Macintosh 128K. Dieser war zwar niedlich, aber nicht besonders leistungsfähig. Aus diesem Grund testete die Person nie wieder einen Macintosh.
Dieser Mensch war:
a) schlau
b) effizient
c) auf dumme Art konsequent

Todesmagnet #6: Jasagen

Wenn Sie Geschäftsleute vor die Wahl stellten, entweder breit gestreut oder dichtgedrängt zu existieren, so würden sich die meisten für die breite Streuung entscheiden. Der Gedanke, mit ihren Produkten oder Diensten in eine Nische gedrängt zu werden, versetzt viele Unternehmer in Angst und Schrecken. Sie sind der Ansicht, daß die Enge ihr Wachstum begrenzt und ihr Erfolgspotential beschneidet.

Deshalb sagen sie fortwährend »ja«. Ja, Macintosh ist ein Computer für die Buchführung. Ja, Macintosh ist ein Computer für das Publishing. Ja, Macintosh ist ein Computer für den Schaltungsentwurf. Ja, Macintosh ist ein Computer für die Buchhaltung von *Fortune*-500-Unternehmen.

Ja, wir werden Computer an Schulen verkaufen. Ja, wir werden Computer über Händler an Schulen verkaufen. Ja, wir werden Computer an landesweit operierende Kunden verkaufen. Ja, wir werden einen Außendienst für unsere landesweit operierenden Kunden einrichten. Ja, wir werden Computer direkt über das Internet verkaufen.

Die Aussichten sind verlockend: Es drängt Sie auf die »Hauptstraße«, wo jedermann Ihr Produkt kauft, weil es bereits eine breite Akzeptanz genießt. Genau hier liegt jedoch das Problem, denn mit revolutionären Produkten gelangt man nur selten direkt auf die Hauptstraße.

Um mit Geoffrey Moore zu sprechen, müssen Sie sich langsam nach vorn arbeiten, indem sie Barrieren niederreißen und nach und nach die Herrschaft über einzelne Nischenmärkte erobern. Weniger ist in diesem Falle mehr: Wenn Sie »nein« sagen, können Sie einzelne Nischen ins Visier nehmen, diese vollständig abdecken und dann nach neuen Märkten Ausschau halten. Die Schrotflintenmethode, bei der Sie auf alle Märkte gleichzeitig zielen, steckt voller Gefahren.

Todesmagnet #6 a: Unser Produkt ist rückwärtskompatibel

Die Rückwärtskompatibilität ist der Jasager-Todesmagnet der High-Tech-Firmen. Hier wird der Wunsch angesprochen, eine neue Hardware mit alter Software und eine neue Software auf alter Hardware laufen zu lassen. (Dies gilt nicht nur für Computer. Denken Sie an CD-Player, mit denen man auch Kassetten abspielen kann, oder an Kassettenrecorder mit integriertem CD-Spieler.)
Diesem Verhalten liegt die Ansicht zugrunde, daß Sie Ihren Kunden Umstände bereiten und unangemessene Kosten verursachen, wenn Ihre Produkte nicht rückwärtskompatibel sind. Ich gebe zu, daß dieser Punkt in die Grauzone von Kapitel 8 fällt (»Verlangen Sie von anderen nichts, was Sie nicht selbst tun würden«). Dennoch muß eines ganz klar gesagt werden: Manchmal müssen Sie eine Rückwärtskompatibilität verweigern. Hier sind die Gründe:

- Sie verlangsamt den Entwicklungsprozeß, da sehr viel Ballast mitgeschleppt wird.
- Wenn zu viele Kompromisse geschlossen werden, beeinträchtigt dies die Qualität des neuen Produkts (und Kompromisse gibt es bereits genug).
- Sie beeinträchtigt die Eleganz: Was ist das hier überhaupt für ein Gerät? Ein altes Produkt mit einem »Lifting« oder ein echter Durchbruch?

Die Lösung für dieses Dilemma liegt darin, Rückwärtskompatibilität für *evolutionäre* Verbesserungen Ihres Produkts zu gewährleisten. Wenn Sie jedoch mit einem *revolutionären* Erzeugnis aufwarten, müssen Sie Ihr Produkt so innovativ gestalten, daß Kunden keinen Wert auf Rückwärtskompatibilität legen.

Todesmagnet #5: Unsere Marke ist ein Jagdschein[91]

Wer versucht, eine scheinbar allmächtige Marke auszudehnen, um seine Umsätze zu erhöhen, bringt sich häufig in Gefahr. Was als Arroganz beginnt (»unsere Marke ist so stark, daß wir sie auf andere Märkte expandieren können«), endet oftmals in Verzweiflung (»wir konnten uns auf den neuen Märkten nicht durchsetzen und haben dadurch unserem Image auf den alten Märkten geschadet«).

General Motors beeinträchtigte den Markennamen Cadillac[84], als es einen Kleinwagen von Chevrolet,[85] den Cavalier, umbenannte und als Cadillac Cimarron vertrieb.[92] Gerber stand in den 70er Jahren dumm da, als es unter dem Namen Singles ein neues Sortiment von Gourmetgerichten für Erwachsene in Babygläschen verkaufte.[93] Und das Unternehmen Bic, das sich eine Reputation für seine Einwegartikel (Kugelschreiber, Feuerzeuge und Rasierklingen) erworben hatte, erlebte eine Pleite, als es in den 80ern ein Parfum namens Parfum Bic anbot.[94]

Übung

Richtig oder falsch:

- **Fruit of the Loom**[86] ***brachte 1977 ein Waschmittel auf den Markt.***
- **Exxon**[87] ***wagte sich 1985 auf das Gebiet der Büroautomatisierung vor.***
- **Banana Republic** ***brachte 1988 ein Reisemagazin namens*** **Trips** ***heraus.***[95]

---

84 <http://www.cadillac.com/>
85 <http://www.chevrolet.com/>
86 <http://www.fruit.com/>
87 <http://www.exxon.com/>

Todesmagnet #4: Outsourcing spart Geld

1995 entschied das Management einer großen Druckerei, die Software für ihre Druckvorgänge nicht mehr selbst zu schreiben, sondern Standardsoftware zu verwenden und diese mit Hilfe von externen Lieferanten in den Arbeitsfluß des Unternehmens zu integrieren.[96]
Nach dieser Entscheidung trennte sich die Druckerei nach und nach von ihren Programmierern. Diese hatten seit Jahren in dem Unternehmen gearbeitet und kannten alle Facetten des Druckereigewerbes. Externe Lieferanten, die über das Unternehmen und seine Kunden nur wenig wußten, rückten nun an ihre Stelle. Als die Programmierer noch fest in dem Unternehmen angestellt waren, förderte die räumliche Nähe die Kommunikation. Jetzt geriet die Firma mit ihren Projekten in Verzug, Budgets wurden überschritten, und die Qualität der Arbeiten ließ nach – nur weil das Management durch Outsourcing die Gemeinkosten senken wollte.
Outsourcing kann sich anbieten, wenn ein vorübergehender Bedarf besteht (z. B. die Organisation einer einmal im Jahr stattfindenden Versammlung des Vertriebspersonals), oder wenn Funktionen betroffen sind, die weder heute noch in Zukunft einen Bestandteil des Wettbewerbsvorteils eines Unternehmens bilden. Das High-Tech-Unternehmen Oracle[88] lagert z. B. den Betrieb seiner Copy Center an Xerox Business Systems[89] aus. Gleichgültig, welche Fähigkeiten Oracle in der Verwaltung von Copy Centern entwickeln würde – diese Fertigkeiten würden sich nicht zu einem Wettbewerbsvorteil ausbilden.

88 <http://www.oracle.com/>
89 <http://www.xerox.com/>

Im allgemeinen stellt das Outsourcing jedoch ein kurzsichtiges Verfahren dar, bei dem Sie sich einreden, Geld zu sparen, während Sie in Wirklichkeit Ihre Ausgaben erhöhen und möglicherweise Ihre Kernkompetenzen zerstören.

Todesmagnet #4 a: Wir müssen rund um die Uhr arbeiten

Eine kritische Haltung zum Outsourcing sollte allerdings nicht dazu führen, daß rund um die Uhr gearbeitet wird. Auch exzessive Arbeitszeiten stellen einen Todesmagneten dar:

- Sie brauchen eine gewisse geistige, körperliche und emotionale Frische, um ein Produkt nach der ersten Auslieferung verbessern zu können. Eine Revolution ist ein Triathlon, kein 100-Meter-Lauf. Sie erfordert Durchhaltevermögen und vielfältige Fähigkeiten wie Schöpferkraft, kontinuierliche Entwicklungsarbeit und Missionarsgeschick.
- Wenn Sie rund um die Uhr arbeiten, haben Sie weniger Gelegenheit, Informationen zu sammeln, zu verarbeiten und weiterzugeben. Es fällt Ihnen schwerer, »zu essen wie ein Spatz und zu verdauen wie ein Elefant«. (Sie werden diesen Satz verstehen, wenn Sie das nächste Kapitel gelesen haben.)
- Die Arbeitszeit zu messen ist für gewöhnlich einfacher, als Arbeitsergebnisse zu bewerten. Viele Menschen beugen sich dem Druck der Kollegen und kommen eher und gehen später als andere. Außerdem kann man sich leicht einreden, ein Held zu sein, wenn man lange und hart schuftet.

Versuchen Sie einmal, auf folgende Weise anders zu denken: Ordnen Sie an, daß Ihr Unternehmen nur zu bestimmten Uhrzeiten (z. B. von 8.00 bis 18.00 Uhr) geöffnet ist. Lassen Sie vor und nach dieser Uhrzeit niemand in dem Gebäude arbeiten. Wenn Sie die Bürozeiten beschränken (z. B. auf zehn Stunden), so werden Sie wahrscheinlich feststellen, daß Ihre Mitarbeiter sich stärker auf ihre Arbeit konzentrieren, daß Versammlungen kürzer ausfallen und daß es allen gesundheitlich besser geht.

Todesmagnet #3: Eifern Sie stets den Großen nach

Während ich nach Beispielen für dieses Buch suchte, berichtete mir Lewis Moore, ein Mitglied der Mailing-List für *Gesetze für Revolutionäre,* von seinen Erfahrungen als Verwaltungsassistent des Resident Director der Cyprus Island Division der Cyprus Mines Corporation.[90] Hören Sie nun die wahre Geschichte vom Untergang dieses Unternehmens.

Im Jahre 1917 wurde ein Bergbauingenieur in den Mittleren Osten entsandt, um die sagenhaften Goldminen von König Salomon zu suchen. Nachdem er ganz Sinai und Ägypten durchforstet hatte, landete er schließlich auf der Insel Zypern. Als ihm das Geld ausging, empfanden die Einheimischen Mitleid mit ihm und zeigten ihm einige farbige Felsnasen auf einem nahegelegenen Hügel. Bei näherer Inspektion erkannte der Ingenieur, daß Kupfer durch die Erde schimmerte. Nur zehn Meilen von einem brauchbaren Hafen entfernt hatte er eine beachtliche Kupfermine entdeckt.

Das Ergebnis dieser Entdeckung war die Cyprus Mines Corporation. Das Unternehmen gedieh vom Ende des

90 <http://www.cyprusamax.com/>

Ersten Weltkriegs bis zur Mitte der 60er Jahre, als es vor Geld strotzend einen neuen Präsidenten ohne Bergbauerfahrung einstellte. Zu seinen ersten Amtshandlungen zählte die Erweiterung und Verschönerung der Büroräume. Nach dem Vorbild von großen Konzernen leitete er die Umsetzung eines Diversifizierunsgplans ein und investierte in die Holzerzeugung im Nordwesten der USA, in eine Zementfabrik auf Hawaii, in eine Schifffahrtsgesellschaft und in umfassende Eisenerzprojekte in Australien und Kanada.

Diese Aktivitäten führten dazu, daß das Unternehmen sich schwer verschuldete (was teilweise auf einen Rückgang der Kupferpreise zurückzuführen war). Die meisten Nebenfirmen wurden abgestoßen, die meisten Mitarbeiter wurden entlassen, und der verbleibende Firmenmantel wurde an Amoco[91] verkauft. Amoco ließ das restliche Unternehmen einen langsamen, qualvollen Tod sterben.

All dies geschah, weil ein erfolgreicher Schimpanse ein Gorilla werden wollte, indem er sich wie ein Gorilla benahm. Dies ist ein grundfalscher Ansatz. Gorillas werden Gorillas, weil sie in dieses Leben hineinwachsen. Sie werden nicht zu Gorillas, weil sie die Verhaltensweisen anderer Gorillas imitieren.

Übung

Stellen Sie sich vor, bei Ihrem Unternehmen handelt es sich um eine junge Softwarefirma (ein Schimpanse). Sie möchten jedoch ein Gorilla sein, der so groß ist wie die Mutter aller Software-Gorillas – wie Microsoft.

---

91 <http://www.amoco.com/>

In welchen Bereichen sollten Sie die Verhaltensweisen des Gorillas kopieren?

a) Fahren Sie eine beeindruckende Werbekampagne.
b) Mieten Sie Messestände von 9 000 Quadratmetern.
c) Vertreiben Sie Ihre Produkte nur über etablierte Händler.
d) Reichen Sie auf Pressekonferenzen Cocktails und Kaviar.
e) Verbessern Sie unaufhörlich Ihre Produkte.

Todesmagnet #2: Je größer der Marktanteil, desto höher die Rentabilität – senken Sie also die Preise

Hier haben wir den gefährlichsten Todesmagneten von allen, der doch weithin akzeptiert wird. Er wird normalerweise von einem geltungsbedürftigen Yuppie propagiert, der fest davon überzeugt ist, daß sein Unternehmen durch eine Preissenkung neue Marktanteile gewinnt, die Wettbewerber aus dem Markt drängt und somit seine Rentabilität steigert.
Mindestens drei Faktoren widerlegen diese Denkweise:

- Es besteht zwar eine gewisse Korrelation zwischen Marktanteil und Rentabilität, Marktanteil *verursacht* jedoch nicht zwangsläufig Rentabilität.[92] Gute Produkte, gutes Marketing und guter Service schaffen Rentabilität *und* hohen Marktanteil.
- Die Faktoren, die einer Steigerung der Rentabilität (und des Marktanteils) entgegenstehen, haben even-

92 Viele leitende Angestellte von prosperierenden Unternehmen fahren deutsche Autos. Das heißt jedoch nicht, daß Sie die Rentabilität Ihres Unternehmens steigern, wenn Sie allen leitenden Angestellten Ihrer Firma ein deutsches Auto kaufen.

tuell nichts mit dem Preis zu tun. 1977 begann McDonald's[93] einen Preiskrieg[94] gegen Burger King,[95] um seinen Marktanteil auszubauen (und somit seine Rentabilität zu steigern). Viele Verbraucher machten jedoch die Qualität des Essens, nicht die Preise, für den stagnierenden Absatz verantwortlich. Merke: Reparieren Sie die wirklich beschädigten Teile, nicht einfach die Teile, deren Reparatur leicht erscheint.

- Wenn ein Markt wächst, wünschen sich erfolgreiche Unternehmen manchmal sogar einen Verlust von Marktanteilen – so widersprüchlich dies auch zunächst klingen mag. Der Grund dafür liegt darin, daß diese Firmen in der nächsten Flaute (und die nächste Flaute kommt bestimmt) besser auf den Wettbewerb vorbereitet sind, weil sie nicht überexpandiert und ihre Gemeinkosten nicht übermäßig in die Höhe geschraubt haben.[97]

Denken Sie an Marktanteile als Ergebnis, nicht als Ursache. Falls Sie ein großartiges Produkt und einen großartigen Kundenservice vorzeigen können, werden Sie – als Resultat – auch einen größeren Marktanteil und solide Gewinne verbuchen.

93 http://www.mcdonalds.com/>

94 Das beste Buch, das jemals zum Thema Preisbildung geschrieben wurde, trägt den Titel *The Strategy and Tactics of Pricing – A Guide to Profitable Decision Making*, die Autoren heißen Thomas T. Nagle und Reed K. Holden. Das Buch wird in der gebundenen Ausgabe für 28,50 Dollar, als Taschenbuch für 55,50 Dollar verkauft. Außerdem bietet Amazon.com keinerlei Rabatte für das Werk an. Ich liebe Autoren, die praktizieren, was sie predigen! (Das Taschenbuch ist wirklich teurer als die gebundene Ausgabe!)

95 <http://www.burgerking.com/>

Todesmagnet #1: Das beste Produkt gewinnt

Denn wer viel hat, soll noch mehr bekommen.[98]

Wenn das beste Produkt sich grundsätzlich durchsetzen würde, würde Bill Gates bei Starbucks[96] Kaffee ausschenken und in einem kleinen Apartment zur Miete wohnen. Leider kann das beste Produkt durchaus den kürzeren ziehen, falls ein anderes Produkt von zumindest ausreichender Qualität ist, schnell auf den Markt kommt, effektiv beworben und schnell korrigiert (verbessert) wird.
Warum? Hier ist auf das Gesetz der wachsenden Erträge zu verweisen: Je häufiger ein Produkt verkauft wird, desto leichter läßt es sich verkaufen. Andere Produkte mögen besser sein, doch die Verbraucher binden sich an ein Produkt, und der Absatz steigt aufgrund des Schneeballeffekts, obwohl das Produkt eventuell Mängel aufweist.
Ein klassisches Beispiel liefert die QWERTY-Tastatur. Diese war eigentlich dafür konzipiert worden, fingerfertige Tipper zu bremsen, die die damaligen mechanischen Schreibmaschinen mit ihrer Tippgeschwindigkeit überforderten. QWERTY kam jedoch vor anderen Tastaturen auf dcn Markt, eroberte sich eine marktbeherrschende Position und überlebte den Wechsel von der mechanischen Schreibmaschine zur elektrischen Maschine und schließlich zum Computer.
Heute ist es unmöglich, einen neuen Standard zu etablieren. Dabei spielt es keine Rolle, wie brillant die Konzeption einer neuartigen Tastatur auch sein mag. Falls es jedoch zu einer Unterbrechung, wie z. B. der sprachlichen Eingabe, käme (hier bietet sich eine Möglichkeit für Revolutionäre), dann könnte die QWERTY-Tastatur den Weg von MS-DOS gehen.

---

96 <http://www.occ.com.starbucks/>

Übung

Erklären Sie, warum Sie folgender Aussage zustimmen bzw. nicht zustimmen:
»Die Leute benutzen Windows, weil sie wissen, daß Windows besser ist als Macintosh.«
Extrapunkte: Welches ist das stärkste Oxymoron?
a) Apple-Marketing
b) Microsoft-Innovation
c) Familienurlaub

Todesmagnet #1 a: Ein revolutionäres Produkt ist ein Ersatz für das vorherige Produkt

Die Tatsache, daß nicht immer das beste Produkt gewinnt, ist zwar deprimierend, doch oftmals haben Sie nur wenig Einfluß auf das Ergebnis. Wenn Ihnen jedoch Ihre eigene Kurzsichtigkeit den Weg zum Erfolg verbaut, dann haben Sie es wirklich verpatzt!
Der hier beschriebene Todesmagnet kann dazu führen, daß Sie Gelegenheiten nicht nutzen. Er tritt in Aktion, wenn Sie glauben, Ihr Produkt sei lediglich ein Ersatz für ein bereits existierendes Produkt. Die Schwexperten aus Kapitel 2, die IBM überzeugten, Haloids Kopiergerät abzulehnen, sahen in dem Kopierer wahrscheinlich einen Ersatz für Kohlepapier oder Vervielfältigungsapparate auf Schablonenbasis.[97]
Tatsächlich eröffnete der Fotokopierer neue Märkte, die mit Kohlepapier und Vervielfältigungsmaschinen undenkbar gewesen wären. Genau darum geht es doch bei

---

97 Schriftsteller sollten ihrem guten Stern dafür danken, daß Fotokopierer das gleichzeitige Einreichen mehrerer Manuskripte ermöglicht haben. Das Einreichen mehrerer Manuskripte wiederum führte zu Angebotskriegen und höheren Vorschüssen.

einer Revolution: um grenzüberschreitende, marktschaffende, radikale Veränderungen.

Warum setzt sich die Torheit fort?

In ihrem Buch *The March of Folly* erläutert die mit dem Pulitzerpreis ausgezeichnete Historikerin Barbara Tuchman, warum Todesmagneten weiterhin ihre gefährliche Anziehungskraft ausüben. (Ihr Begriff für Todesmagnet lautet »Torheit«, die sie wie folgt definiert: ». . . das Betreiben einer Politik, die den Interessen des betroffenen Gebietes oder Staates zuwiderläuft.«)
Tuchman führt aus, daß eine Politik drei Kriterien erfüllen muß, um mit dem Begriff Torheit belegt zu werden:

- ». . . sie muß zu ihrer Zeit als kontraproduktiv wahrgenommen werden, nicht erst im nachhinein.«
- ». . . es muß zu der entsprechenden Politik eine praktikable Handlungsalternative gegeben haben.«
- ». . . die entsprechende Politik muß von einer Gruppe und nicht von einem einzelnen Regierenden betrieben worden sein, und sie muß über die politische Laufbahn eines einzelnen hinaus Bestand haben.«[99]

Klingt Ihnen diese Beschreibung vertraut? Es ist schade, daß Tuchman sich mit ihren Ausführungen nicht in die Niederungen der Geschäftswelt herabgelassen hat – wir hätten zweifelsohne enorm davon profitiert. Zu unserem Glück erläutert sie in ihrem Werk, aus welchen Gründen die »Engstirnigkeit« (um Tuchmans Begriff zu verwenden) auch heute noch zahlreiche Siege feiert:

- ». . . weil Situationen nach vorgefaßten, festen Anschauungen eingeschätzt und gegenteilige Anzeichen mißachtet oder verleugnet werden.«

- »... wegen der Weigerung, aus der Erfahrung zu lernen ...«[100]

Wenn Unternehmer sich diese Ausführungen zu Herzen nehmen und ihre Lehren daraus ziehen, werden sie den Todesmagneten ausweichen können. Bis dahin werden sich Revolutionären immer neue Möglichkeiten zum Erfolg eröffnen, solange sie sich nicht selbst von Todesmagneten locken lassen.

Lektüre für Revolutionäre

Influence – The Psychology of Persuasion, Robert B. Cialdini, Morrow, 1993, ISBN: 0688128165 (Überzeugen im Handumdrehen. Wie und warum sich Menschen überzeugen lassen, moderne industrie 1993, ISBN: 3-478-81127-9)

Managing Brand Equity – Capitalizing on the Value of a Brand Name, David A. Aaker, The Free Press, 1991, ISBN: 0029001013 (Management des Markenwerts, Campus, 1992, ISBN: 3-593-34706-7)

The March of Folly – From Troy to Vietnam, Barbara W. Tuchman, Ballantine Books, 1992, ISBN: 0345308239 (Die Torheit der Regierenden. Von Troja bis Vietnam, Fischer, 1995, ISBN: 3-596-24438-2)

The Strategy and Tactics of Pricing – A Guide to Profitable Decision Making, Thomas T. Nagle und Reed K. Holden, Prentice Hall, 1994, ISBN: 0136690602 (Preisstrategie. Theorie und Praxis optimaler Preisfindung, Springer, Berlin 1996, ISBN: 3-540-61256-4)

Erschaffen wie ein Gott

Herrschen wie ein König

Teil III Arbeiten wie ein Sklave

Kapitel 7: Essen wie ein Spatz, verdauen wie ein Elefant

... Finden Sie heraus, was sich der Konsument von heute wünscht und was der Einzelhändler von heute in Geschenkboutiquen, Spielzeuggeschäften, Buchläden und in den Einrichtungsabteilungen der großen Kaufhäuser anbietet. Vergleichen Sie die Produktpalette der kleinen Fachgeschäfte mit dem Sortiment der Massenanbieter: der großen Lebensmittelgeschäfte und Discounter wie K-Mart oder Wal-Mart. Sprechen Sie mit Menschen über das, was sie in Geschäften vergeblich suchen. Darüber, welche Produktentwicklungen sie sich in welchem Format und zu welchem Preis wünschen.

Aus einem Stellenangebot für Produktdesigner bei Hallmark Cards

Essende Spatzen? Verdauende Elefanten?

Wenn Ihnen jemand sagt, daß Sie essen wie ein Vögelchen, würden Sie dies wahrscheinlich dahingehend auslegen, daß Sie sehr wenig essen. Tatsächlich sind Vögel im Verhältnis zu ihrem Körpergewicht wahre Vielfraße. Der rastlose Kolibri nimmt z. B. Tag für Tag 50 Prozent seines Körpergewichts zu sich. (Wer 100 kg auf die Waage bringt, müßte also jeden Tag 50 kg Lebensmittel verzehren!)

Wahrscheinlich wird Ihnen niemand erzählen, daß Sie eine Verdauung haben wie ein Elefant, weil Elefanten pro Tag rund 165 Pfund Mist fallen lassen. Mittlerweile denken Sie wahrscheinlich: »Guy redet wirres Zeug. Kein Wunder, daß es Apple so schlecht ging.« In diesen Fakten aus dem Tierreich sind jedoch zwei durchaus ernstzunehmende Botschaften an Revolutionäre verborgen.

Zunächst sucht, konsumiert und absorbiert ein erfolgreicher Revolutionär unaufhörlich Informationen über seine Branche, seine Kunden und seine Konkurrenten. Dies geschieht, indem er seine Kunden »aushorcht«, Seminare und Fachmessen besucht, Fachzeitschriften liest und im Internet surft.

Außerdem muß ein Großteil des Wissens, das man sich angeeignet hat, weitergegeben werden – verdauen wie ein Elefant. Das heißt, daß Informationen und Entdekkungen mit Kollegen (und gelegentlich sogar mit den Mitbewerbern) geteilt werden.

Grundsätze der Nahrungsaufnahme

Die Kardiologen Meyer Friedman und Ray Rosenman aus San Francisco stellten als erste eine Verbindung zwischen wettbewerbsorientiertem, ehrgeizigem, ungedul-

digem und feindseligem Verhalten und Herz-Kreislauf-Erkrankungen her. Diese Charakteristika, die heute als Typ-A-Verhalten kategorisiert werden, weisen eine enge Korrelation mit Herzerkrankungen auf.
Mitte der 50er Jahre sahen sich Friedman und Rosenman mit einem interessanten, ungewöhnlichen Problem konfrontiert: Die vordere Seite der Sitzpolster und Armlehnen ihrer Wartezimmermöbel hing ständig in Fetzen. Dieses Phänomen veranlaßte ihren Polsterer zu der Frage: »Was ist nur mit euren Patienten los? Normalerweise gehen Menschen pfleglicher mit Möbeln um!«
In einer vollkommen analytischen Welt wären Friedman und Rosenman in sich gegangen und hätten das seltsame Phänomen untersucht. Die Patienten in den Wartezimmern anderer Fachärzte ließen die Sitzpolster in Ruhe. Es mußte eine Erklärung geben.
Wie Friedman später zugab, maß er den Worten des Polsterers leider keinerlei Bedeutung bei. Erst rund fünf Jahre später, als Forschungen auf eine Verbindung zwischen Persönlichkeit und Herz-Kreislauf-Erkrankungen hinwiesen, erinnerte er sich an die Worte seines Polsterers.[101] Hätte Friedman gegessen wie ein Spatz, wäre ihm der Zusammenhang zwischen Menschen, die Sitzpolster ruinieren, und Herzerkrankungen vielleicht schon Jahre eher aufgefallen.
Dieses Beispiel illustriert den ersten Grundsatz der Nahrungsaufnahme (ein Grundsatz, der bereits in Kapitel 1 im Zusammenhang mit der Entdeckung des Teflon durch Roy Plunkett beschrieben wurde):

Suchen Sie immer nach der Ursache von unerwarteten Phänomenen.

Überlassen Sie wichtige Dinge Amateuren

Je wichtiger eine Aufgabe ist, um so dringender sollten Amateure eingesetzt werden – so lautet ein japanisches Sprichwort. Hier präsentiert sich der zweite Grundsatz der Nahrungsaufnahme. Dem Zusammentragen von Informationen über Ihre Kunden und Ihre Konkurrenz kommt eine besondere Bedeutung zu – überlassen Sie diese Aufgaben also niemals professionellen Marktforschern.

Da diese Marktforscher die Analyse über die Synthese stellen, Fachjargon über gesunden Menschenverstand und raffinierte Ausarbeitung über Einfachheit,[102] verursachen sie mitsamt ihrem Handwerkszeug fünf Arten von Problemen:

- **Sie sind unfähig, subtile Fakten wahrzunehmen und zu kommunizieren.** Stellen Sie sich vor, Sie betreiben eine Autohandlung (ohne Marktforschungsprofi zu sein) und beobachten Interessenten in Ihrem Ausstellungsraum. Zwei Dinge fallen Ihnen ins Auge: Erstens kommen viele Menschen mit ihren Kindern zu Ihnen, und wenn die Kleinen sich langweilen, ist die Expedition Autokauf beendet. Zweitens achten die Frauen zuerst auf den Becherhalter. Es handelt sich hier um zwei sehr subtile Erkenntnisse, die den meisten Marktforschern entgangen wären (diese hätten den potentiellen Autokäufern einen Fragebogen unter die Nase gehalten).
- **Unvorhergesehene Gelegenheiten verstreichen ungenutzt.** Ein Amateur-Marktforscher würde, um bei unserem Autohändler-Beispiel zu bleiben, zwei Gelegenheiten erkennen: Eine Spielecke für Kinder sollte eingerichtet werden und ebenso die Becherhalter in Szene gesetzt werden, indem Sie leere Gläser

hineinstellen. Im Rahmen professioneller Marktforschung blieben diese beiden Gelegenheiten mit Sicherheit ungenutzt.

- **Sie übermitteln veraltete Informationen.** Ich möchte wetten, daß Sam Walton höchstens ein paar Tage, wenn nicht Stunden, brauchen würde, um eine bei einem Wettbewerber wie Price Club[98] beobachtete effektive Praktik in seinen Wal-Mart[99]-Geschäften einzuführen. Professionelle Marktforscher müssen jedoch einen beeindruckenden Bericht mit hübschen Diagrammen und langen Anhängen erstellen, damit alles »professionell erscheint«. Vorher muß allerdings ausgiebig über das Forschungsprojekt diskutiert werden, Mitarbeiter müssen eingestellt und geschult und Daten erhoben werden.
- **Bestimmte Fragen fallen durch das Raster.** Das alte Sprichwort besitzt noch immer Gültigkeit: »Ein Programmierer sieht jedes Problem als Software.« Das heißt, daß Marktforscher die Probleme aus der Perspektive ihrer eigenen spezifischen Hintergründe betrachten. Aspekte, die nicht durch einen bestimmten Hintergrund abgedeckt werden, finden keine Beachtung.

Übung

Haben Sie jemals einen Bericht eines Unternehmensberaters gelesen, in dem Lösungen empfohlen wurden, die außerhalb seines Fachgebiets lagen?

98 <http://www.pricecostco.com/>
99 <http://www.wal-mart.com/>

- **Informationen werden unzureichend weitergegeben.** Wenn ein Unternehmen Marktforschungen durchführt, liest nur ein kleiner Teil von Mitarbeitern die Ergebnisse – Führungskräfte, Produktmanager und Marketingpersonal. Kundendienstmitarbeiter, Forschungs- und Entwicklungsingenieure und andere nachgelagerte Positionen kommen vielleicht nie mit den Resultaten in Berührung, ganz zu schweigen von der Empfangsdame. Ihre Empfangsdame übt jedoch vielleicht einen größeren Einfluß auf die Kundenmeinung über Ihr Unternehmen aus als jeder andere Beschäftigte.

Honda hat seine »lebensnahe« Marktforschung bis ins Detail ausgearbeitet. Das Unternehmen verfolgt den *Sangen*-Ansatz, der auch Ansatz der »drei eigentlichen Faktoren« genannt wird: eigentliches Produkt, eigentliche Person, eigentliche Situation.[103] Es folgen nun einige Beispiele von anderen Unternehmen, die eine äußerst wirklichkeitsnahe Marktforschung betrieben haben:

- **Eigentliches Produkt.** Nach der Eröffnung von Disneyland verbrachte Walt Disney jedes Wochenende in seinem Vergnügungspark. Incognito besuchte er Shows und Fahrgeschäfte, um diese zu testen und hinterher seine Kritik zu äußern. Er erlebte das Produkt ebenso wie die Kunden.
- **Eigentliche Person.** Während des Koreakriegs fuhr Kelly Johnson, der Leiter der Skunk Works von Lockheed, die koreanische Front ab. Er legte über 23 000 Meilen zurück und besuchte fünfzehn Luftstützpunkte, um aus erster Hand zu erfahren, welche Verbesserungen sich Piloten an ihren Flugzeugen wünschten.[104]

- **Eigentliche Situation.** Alfred Sloan verließ einmal im Vierteljahr für eine Woche die Zentrale von General Motors, um Autos zu verkaufen, in einem Ersatzteillager zu arbeiten oder sich anderweitig bei einem Autohändler zu betätigen.[105]

Horchen Sie Ihre Kunden aus

Beschäftigte von DuPonts Stoffabriken besuchen ihre Kunden vor Ort in den Fertigungsstätten, wo aus DuPonts Nylonprodukten Badeanzüge und Büstenhalter entstehen. Die Vertreter von DuPont erkundigen sich bei den Fabrikbetreibern danach, ob bei der Ver-

Kelly Johnson, legendärer Leiter der Skunk Works

arbeitung des Nylons Qualitätsprobleme aufgetreten sind.

Diese Initiative wurde gestartet, um die Nylonprodukte zu verbessern und einen engeren Kontakt nicht nur zwischen den Managern, sondern auch zwischen den Angestellten von DuPont und den Kunden herzustellen. Mitarbeiter aller Ebenen arbeiten eng mit den Abnehmern zusammen, um »sicherzustellen, daß alles getan wird, um den Erfolg der Kunden zu fördern«, erklärt Communications Manager Bill Brown. Diesen Mitarbeitern wird keine Checkliste und kein Fragenkatalog mit auf den Weg gegeben, sondern »sie beherrschen ihr Metier gut genug, um automatisch die richtigen Fragen zu stellen«, fährt Brown fort.

Sie sollten die erforderlichen Informationen nicht nur von Amateuren einholen lassen, sondern diesen Prozeß – wie bei DuPont geschehen – auch institutionalisieren, um ihm eine gewisse Regelmäßigkeit zu verleihen. Ihr Unternehmen wird in vierfacher Hinsicht davon profitieren:

- **Ihre Mitarbeiter lernen hinzu.** Sie lernen, wem sie knifflige Fragen stellen müssen und woran sie erkennen, ob sie eine offene Antwort erhalten haben. Außerdem lernen sie, wie sie die entsprechenden Informationen an ihre Zentrale weitergeben müssen, um optimale Ergebnisse zu erzielen.
- **Sie erhalten zuverlässigere Informationen.** Da Sie nicht von einigen wenigen Quellen abhängen – und schon gar nicht von unpersönlichen, zu spät eintreffenden (aber hübsch präsentierten) professionellen Marktforschungsberichten –, können Sie sich auf das Feedback verlassen.
- **Sie können Probleme schneller lösen.** Sie erhalten nicht nur nützliche Informationen zu bestehenden

Problemen, sondern können diese Probleme auch schneller lösen. Mitarbeiter, die vor Ort beobachten, wie ein Kunde ein Produkt benutzt, können die Problemlösung beschleunigen, da sie die Kapazitäten des Unternehmens kennen.

- **Der Kunde schenkt Ihnen sein Vertrauen.** Die Regelmäßigkeit des Prozesses beweist dem Kunden und Ihren Angestellten, daß das Motto »Kenne deinen Kunden« (oder deine Konkurrenz) nicht die Managementmode der Woche ist.

Wenn Sie den Prozeß des »Aushorchens« institutionalisieren, werden Sie mit der Zeit immer aufschlußreichere Informationen erhalten. (Halten Sie sich einmal vor Augen, was Sie einem guten Freund erzählen und was Sie entfernten Bekannten mitteilen.) Im besten Fall gelangen Sie nicht nur in den Besitz hilfreicher Informationen, sondern können auch neue Ideen austesten.

Übung

Wenn ein neuer Kinofilm herauskommt, wartet der Betreiber von Edwards Lichtspieltheater in Newport Beach, Kalifornien, im Foyer und befragt seine Kunden, wie ihnen der Film, die Kinoeinrichtung und das Angebot an Snacks gefallen haben.[106]
Haben Sie jemals den Betreiber eines Kinos kennengelernt?

Nicht fragen, sondern beobachten!

Als Philips Consumer Electronics[100] einen tragbaren Radiokassettenrecorder (namens MovingSound) für

100 <http://www.philips.com/>

Teenager entwickelte, bildete das Unternehmen aus seinen potentiellen jungen Kunden Fokusgruppen. Der Recorder wurde in zwei Farben vorgestellt: in einem hellen Gelb, das vor allem die Jugendlichen ansprechen sollte, und klassisch in Schwarz.

Während der Gruppenbefragung gab die überwältigende Mehrheit der Teenager an, daß sie die Farbe Gelb vorziehen würde. Nach dem Gespräch erhielt jeder Teilnehmer von Philips als Dankeschön einen MovingSound. Vor dem Diskussionsraum wartete ein Stapel mit gelben Recordern und ein Stapel mit schwarzen Recordern auf die Jugendlichen. Die meisten Teenager entschieden sich für ein schwarzes Gerät.[107]

Dies ist ein sehr anschauliches Beispiel für den Grundsatz »nicht fragen, sondern beobachten«. Wenn Sie Menschen nach ihren Wünschen fragen, dann denken diese darüber nach, welche Antwort von ihnen erwartet wird, sie möchten intelligent erscheinen, und sie lassen sich durch die Ansichten anderer Personen beeinflussen. Wenn Sie Ihnen dagegen keine Fragen stellen, sondern einfach ihr Verhalten beobachten, dann sagen ihre Handlungen mehr als tausend Worte.

Auch wenn Sie Beobachtungen anstellen, müssen Sie auf bestimmte Umstände achten, die die Anwendbarkeit Ihrer Resultate beeinträchtigen können:

- Falls Personen Ihnen bewußt gestattet haben, sie zu beobachten (weil sie von sich aus zustimmen oder bezahlt werden), stellen sie keine wirklich repräsentative Stichprobe mehr dar. Beispielsweise weisen 40 Prozent der Fernsehzuschauer, die von dem Institut Nielsen gebeten werden, an einer »Telemeter«-Studie teilzunehmen, die Bitte zurück.[108] Die zustimmenden 60 Prozent lassen sich wohl kaum noch als Zufallsauswahl bezeichnen.

- Wenn Personen wissen, daß sie beobachtet werden, kann sich ihr Verhalten ändern. Dies wird als Erwartungseffekt oder Hawthorne-Effekt bezeichnet, womit auf eine in den 20er Jahren durchgeführte Untersuchung mit Fabrikarbeitern in Hawthorne, Illinois, Bezug genommen wird. Forscher fanden heraus, daß die bloße Beobachtung zu einem Anstieg des Produktionsvolumens führte.
- Bei einer Gruppe von Personen, die sich überlegt, welches Produkt sie vorziehen würde, kann von einer echten Einkaufssituation keine Rede sein. Vielleicht hat eine dominante Person oder Gruppe von Personen, der der gelbe Recorder besser gefiel, die Fokusgruppe von Philips beeinflußt. Als die Teilnehmer nach Abschluß des Gesprächs frei wählen konnten, entschied sich die Mehrheit von ihnen dann für das schwarze Gerät.

Klettern Sie auf verschiedene Bäume

Auch wenn sich der Absatz von Importwagen im Jahr 1959 auf 425 000 [Autos] belaufen könnte, wird er vielleicht niemals mehr diese Marke erreichen.[101]
Business Week, 17. Januar 1958[109]

Wenn Sie in den 70er Jahren in Lansing, Michigan, aufgewachsen wären, hätten Sie den Eindruck gewonnen, daß die ganze Welt ein Oldsmobile fährt. Auf dem I-96 kamen Ihnen nur selten japanische Modelle entgegen, so daß Sie Toyota,[102] Nissan[103] oder Honda[104] wahrscheinlich nicht als eine Bedrohung für amerikanische Autos

101 In 1997 verkaufte Toyota in den USA rund 397 000 Camrys. Merke: Man sollte nie »nie« sagen.
102 <http://www.toyota.com/>
103 <http://www.nissan.com/>
104 <http://www.honda.com/>

angesehen hätten.[110] Wer sich damals nur in Lansing aufhielt, hockte quasi nur auf einem Baum – er wußte vielleicht, was in seinem Baum vorging, konnte jedoch keine Aussagen über den gesamten Wald treffen.

Wenn Sie wissen möchten, was im Rest des Waldes geschieht (und lange im Geschäft bleiben wollen), dann müssen Sie gelegentlich auf andere Bäume klettern. Zwingen Sie sich, Ihnen unbekannte Orte zu bereisen, in Geschäften einzukaufen, die Sie noch nie aufgesucht haben, in Restaurants zu speisen, in denen Sie noch nie zu Gast waren, Bücher und Zeitschriften zu lesen, die nichts mit Ihrem Geschäftszweig zu tun haben, und branchenfremde Fachmessen zu besuchen.

Was soll das bringen? Ich werde Ihnen dies an einem Beispiel erläutern. Als das Konstruktionsteam von Lockheeds Skunk Works[105] feststellte, daß die Gummidichtungen einiger Triebwerksventile beschädigt und auch am Cockpit des Höhenaufklärers U-2 einige Dichtungen porös waren, tauschten sie diese aus. Doch schon nach kurzer Zeit oxidierten die Dichtungen wieder.

Das Konstruktionsteam konnte sich nicht erklären, wie es zu der Oxidation kam, bis ein Mitarbeiter der Skunk Works in der *Los Angeles Times*[106] auf die Antwort stieß. Die Zeitung berichtete, daß europäische Autoreifen in Los Angeles aufgrund des dortigen Smogs – d. h. aufgrund des Ozons, eines Hauptbestandteils von Smog – schnell oxidierten. Da die U-2 in einer Schicht der Atmosphäre flog, die einen sehr hohen Ozongehalt aufweist, oxidierten die Dichtungen so schnell.[111]

---

105 <http://www.lmsw.external.lmco.com/lmsw/html/index.html>
106 <http://www.lats.com/>

✍ Übung

Besuchen Sie eine Buchhandlung (eine analoge Buchhandlung, nicht Amazon.com) und schauen Sie sich in Ihnen nicht vertrauten Bereichen um. (Wenn Sie mit den typischen Eigenschaften der meisten Geschäftsleute ausgestattet sind, wären dies z. B. die Sparten Soziologie, Philosophie, Physik und Biologie.)[107]

Nehmen Sie kleine Häppchen zu sich

Ich besitze kein ausgetüfteltes Ablagesystem, d. h. keine Datenbank oder Hefter mit Millionen von Zeitungsartikeln, deren Herkunft ich mit Etiketten kennzeichne. Ich betrieb ein solches System, bis ich eines Tages feststellte, daß ich es nie benutzte. Nie nahm ich die sorgfältig angelegten Akten zur Hand. Statt dessen konzentriere ich mich heute darauf, mich weiterzubilden. Ich leite neue Informationen auf eine Weise an mein Gehirn weiter, daß sie meine Einstellungen beeinflussen. Ich stimme meine Aufmerksamkeit, als wäre sie ein Musikinstrument. Manchmal kommt es allerdings doch vor, daß sich Artikel und Berichte anhäufen, dann blättere ich durch diese Stapel, um das Gesuchte zu finden. Und manchmal muß ich zurückgehen und all die Forschungsarbeit, die ich vor mehreren Jahren durchführte, noch einmal leisten. Doch das ist an sich schon ein wertvoller Vorgang, denn in den Bereichen, die mich interessieren, hat sich vieles verändert, seit ich zum letzten Mal die alten Unterlagen in der Hand hielt.

---

107 Aufgrund der Möglichkeit, ganze Regale zu durchforsten, werden Internet-Buchhandlungen die traditionellen (analogen) Buchläden niemals aus dem Markt drängen.

Machen Sie sich keine Sorgen um Ihre Akten, sondern sorgen Sie sich um Ihre Wahrnehmung.
Peter Schwartz, *The Art of the Long View*

Kolibris fressen im Fluge, sie horten keine Vorräte für den späteren Verzehr. Sie sollten es diesen Vögeln gleichtun und Informationen lesen und analysieren, wenn Sie ihnen begegnen – nicht erst, wenn sich ein dicker Stapel vor Ihnen aufgetürmt hat.[112]
Ich habe folgendes festgestellt: Wenn ich ein neues Buch oder eine Zeitschrift nicht in den ersten 48 Stunden lese oder eine mir empfohlene Web Site nicht in diesem Zeitraum besuche, dann tue ich es nie. Es kommt immer etwas anderes dazwischen, oder eine (vermeintlich) bessere Informationsquelle hebt ihr hübsches Haupt.
Wenn Sie Informationen jedoch sofort aufnehmen und analysieren, werden sich Ihre Eßgewohnheiten verbessern. Sie entwickeln vielleicht sogar einen besseren »Geschmack«, da die gespeicherten Informationen Ihnen helfen, die zukünftige Informationssuche zu formen und zu optimieren. Wie Peter Schwartz schon sagte, kommt es auf die Wahrnehmung an.

Werden Sie Informationsbroker – oder machen Sie sich einen zum Freund

Der Zugriff auf Informationen war früher entweder durch Nutzungsrechte oder durch Kosten stark eingeschränkt. Dialog Information Services stellte z. B. den Zugang zu elektronischen Informationsdatenbanken bereit. Die Klientel bestand hauptsächlich aus Großunternehmen, was auf zwei Barrieren zurückzuführen war: auf hohe Kosten (der Zugang zu einigen Datenbanken kostete 300 Dollar pro Stunde) und auf eine Benutzeroberfläche, die nur von Experten bewältigt werden konnte.

Bis zum Jahr 1997 hatte das Internet diese beiden Barrieren niedergerissen, so daß Vögel aller Größen, Zugehörigkeiten und Einkommenskategorien gratis fressen konnten. Heutzutage kann im großen und ganzen jeder seine eigenen Recherchen betreiben. Im folgenden lernen Sie sechs kostengünstige Forschungsmethoden kennen:

- **Dialog Select.**[108] Bei diesem Unternehmen, das früher unter dem Namen Dialog Information Services bekannt war, hat sich mehr geändert als nur der Name. Zum einen präsentiert sich die Datenbank wesentlich benutzerfreundlicher, da der Zugang via Internet über eine graphische Benutzeroberfläche möglich ist. Außerdem liegen die Kosten niedriger, weil pro Ansicht bezahlt werden kann. Es handelt sich hier um den Großvater der Online-Informationsdienste mit Tausenden von Quellen, die äußerst nützliche Daten enthalten wie z. B. Warenzeichen- und Patentaufstellungen.
- **Electric Library.** Electric Library[109] gibt Ihnen die Möglichkeit, in Hunderten von Zeitungen und Magazinen zu recherchieren und Newswires, schriftliche Aufzeichnungen von Radio- und Fernsehsendungen sowie bedeutende Werke der Literatur zu durchforsten. Eine solche Bandbreite von Veröffentlichungen zu durchsuchen kostete bisher viel Zeit und Geld.

---

108 <http://www.dialogselect.krinfo.com/>
109 <http://www.elibrary.com/>

Übung

Können Sie sich noch daran erinnern, wie Sie die Zeitschriftenverzeichnisse von Bibliographien benutzt haben?

- **Ask Jeeves.** Ask Jeeves[110] ermöglicht Ihnen auch kostenlose Recherchen. Sie geben eine einfach formulierte Frage in englischer Sprache ein und können dann aus einer Liste von angebotenen Fragen auswählen. Wenn Sie sich für eine Frage entschieden haben, die Ihrer Anfrage am nächsten kommt, führt Ask Jeeves Sie zu der Webseite, die die beste Antwort liefert.
- **Inquisit.** Inquisit[111] wird mit Daten aus über 600 Quellen gespeist, zu denen unter anderem Fachmagazine, Tageszeitungen und Pressemitteilungen zählen. Für rund 13 Dollar pro Monat können Sie Makros schreiben, die alle eingehenden Daten nach von Ihnen angegebenen Informationen durchsuchen. Inquisit schickt Ihnen dann in einer E-Mail entweder eine Zusammenfassung oder den ganzen Artikel, der die gesuchte Information enthält.
- **Internet Mailing-Lists.** Hinter einer Internet Mailing-List verbirgt sich eine Gruppe von Personen, die E-Mails zu einem bestimmten Thema empfangen. Diese Mailing-Lists sind sehr hilfreich, um von Personen, die ein gemeinsames Interesse verfolgen, Feedback und Informationen einzuholen. Während ich dieses Buch schrieb, betrieb ich eine *Gesetze-für-Revolutionäre*-Mailing-List, die 600 bis 700 *Mitglieder* zählte. Ich bat die Mitglieder um Beispiele für die Veran-

110 <http://www.askjeeves.com/>
111 <http://www.inquisit.com/>

schaulichung meiner Konzepte und erhielt stets exzellente Zuschriften. Alles, was Sie für den Betrieb einer eigenen Mailing-List benötigen, ist ein Internetanschluß und Software wie LetterRip.[112]

- **Usenet-Diskussionsforen.** Neben den Mailing-Lists, in die sich bestimmte Gruppen von Personen eintragen, werden zu Tausenden von Themen fortlaufend Diskussionen im Usenet geführt. Jeder kann sich in diese Gespräche einschalten, Fragen stellen und auf Antworten warten. Man muß sich nicht anmelden oder eintragen wie bei einer Mailing-List. Zu jedem erdenklichen Thema gibt es im Usenet ein Diskussionsforum. Besuchen Sie eine Suchmaschine wie Yahoo[113] und geben Sie einen Suchbegriff ein wie »Usenet und Countrymusik.« Sie werden staunen, welche Fülle von Informationen und Expertisen Ihnen geboten wird!

Als ich dieses Buch schrieb, hatte ich folgenden E-Mail-Austausch mit einem Mitarbeiter des Informationsdienstes Findout. (Ich nehme in der Ausgangsfrage auf Answers.com Bezug, weil Findout mit Answers.com konkurriert.) Der Dialog veranschaulicht, daß es von großem Vorteil ist, menschliche Rechercheure einzusetzen. Keine mir bekannte Textsuchmaschine hätte den Bezug zu Captain Miller's Medal of Honor herstellen können. Dem Mitarbeiter von Findout ist dies jedoch gelungen.

Es folgt nun meine E-Mail-Korrespondenz mit Findout:

Ich schreibe zur Zeit ein Buch mit dem Titel Gesetze für Revolutionäre. Der Name des Ordens soll in diesem Buch als Beispiel angeführt werden. Bei folgenden Quellen habe ich

---

112 <http://www.fogcity.com/>
113 <http://www.yahoo.com/>

bereits mein Glück versucht: Verschiedene Stützpunkte der französischen Fremdenlegion und Answers.com. Hätten Sie nicht Lust, Answers.com zu blamieren?
Frage #1:
Wie mir erzählt wurde, gibt es einen Orden, der an Mitglieder der Streitkräfte verliehen wird, wenn diese sich einem falschen Befehl ihres Vorgesetzten unmittelbar widersetzen. Es könnte sich um einen Orden der französischen Fremdenlegion handeln. Welches Land verleiht diesen Orden, und wie heißt er?
Antwort #1: Hi! Diese Trottel von Answers.com können mit unseren Recherchekünsten einfach nicht mithalten ... Auch wenn wir in unserer fünfzehnminütigen Recherche keinen Beleg dafür gefunden haben, daß die Verleihung des Ordens in einer militärischen Organisation der Welt offiziell etabliert ist, können wir Ihnen vielleicht dennoch eine Erklärung liefern.
Anscheinend hat ein gewisser Captain William Miller am 3. Juli 1863 einen Befehl seines Brigadekommandanten mißachtet. Der Kommandant hatte seinem Regiment befohlen, am Stützpunkt zu bleiben, doch Captain Miller blies in direktem Verstoß gegen den Befehl seines Vorgesetzten zum Angriff. Offensichtlich hatte Miller die richtige Entscheidung getroffen, denn ihm wurde vom Kongreß ein Orden verliehen. Diese Information wurde uns freundlicherweise von Ms. Louis Friend vom Institute for Military History (717–245–3611) bereitgestellt.
Den vollen Wortlaut der Ordensverleihung an Miller können Sie im U.S. Army Center of Military History abrufen, indem Sie einfach bis zum Namen des ehrenwerten Rebellen herabscrollen. <http://www.army.mil/cmh-pg/mohciv2.htm>
Falls Sie noch weitere Fragen haben, klicken Sie bitte das Feld »Ask Us More« an. Ich hoffe, daß Ihnen unsere Informationen weiterhelfen und bedanke mich für Ihren »Besuch«.

Falls Sie keinen Zugang zu einem Computer haben oder sich nicht dazu berufen fühlen, als Ihr eigener Informationsbroker aufzutreten, sollten Sie den altmodischen Weg einschlagen: Suchen Sie sich einen Informationsbroker und freunden Sie sich mit ihm an. Sie arbeiten sowohl in großen Unternehmen als auch in öffentlichen Bibliotheken. Sie werden staunen, was diese Leute aufgrund ihrer Kenntnisse und ihres Zugangs zu Büchern, Fachmagazinen, Zeitschriften und elektronischen Datenbanken alles für Sie herausfinden können!

Zapfen Sie menschliches Fachwissen an

Das menschliche Gehirn kann Informationen mit einer Flexibilität restrukturieren, die auch von hochentwickelten Computerprogrammen bisher noch nicht erreicht wurde. Für einen wirklich effektiven Austausch von fachlichen Informationen müssen wir die menschliche Fähigkeit nutzen, Informationen so umzustrukturieren, daß sie in neue Kontexte und Situationen passen. Der beste Weg, fachliche Informationen zu übermitteln, liegt folglich darin, menschliches Fachwissen abzurufen.[113]

Professor Thomas J. Allen, MIT Sloan School of Management[114]

Wie Allen in seinem Werk dokumentiert, besteht eine der effektivsten Methoden zur Erhebung von Informationen darin, Menschen, die über das gesuchte Wissen verfügen, von anderen Unternehmen oder wissenschaftlichen Einrichtungen abzuwerben.

Dieses Konzept läßt zwei wichtige Schlüsse zu: Erstens sollten Sie die Forderung »wir müssen die Fluktuation

114 <http://web.mit.edu/afs/athena.mit.edu/org/s/sloan/www/>

einschränken« überdenken, weil sie sich als Todesmagnet erweisen kann. Solange die Fluktuationsrate sich nicht störend auf betriebliche Abläufe auswirkt, kann der Beitritt neuer und der Abgang alter Mitarbeiter einen fruchtbaren Zustrom neuer Ideen und Verfahren begünstigen.

Zweitens besteht der Wert neuer Mitarbeiter nicht nur in ihrer Fähigkeit, die relevanten Arbeiten zu erledigen, sondern auch auf der Gesamtheit des Wissens und der Erfahrungen, die sie in den neuen Job einbringen. Wenn Sie einen Programmierer von Microsoft einstellen, so gewinnen Sie nicht nur Kenntnisse auf dem Feld des Programmierens hinzu, sondern auch umfassende Kenntnisse in den Bereichen Produktverbesserung, Testverfahren und Dokumentation.[115]

Zwei weitere Berufszweige sind besonders hilfreich: Verkäufer und Bedienstete von Regierungsbehörden oder wissenschaftlichen Einrichtungen. Verkäufer können gute Dienste leisten, weil sie Einblick in die Bemühungen haben, die andere Unternehmen in ähnlichen Bereichen unternehmen. Doch aufgepaßt: Ein Verkäufer, der Ihnen von den Anstrengungen eines Kunden erzählt, wird anderen Kunden auch von Ihren Initiativen berichten. Viele Menschen, die für eine Regierungsbehörde oder wissenschaftliche Einrichtung arbeiten, betrachten sich oftmals nicht als Konkurrenten von Firmen des privaten Sektors. Sie zeigen daher eine größere Bereitschaft, ihr Wissen weiterzugeben.[114]

Abschließend erläutert Professor Allen das Konzept der »Gatekeeper«, der Informationsselekteure.[115] Diese Leute agieren auf zwei verschiedenen Ebenen: Intern spielen sie die Rolle eines Meinungsführers, während sie extern

115 Und wenn Sie einen leitenden Angestellten von Microsoft abwerben, stößt ein beschlagener Fachmann in puncto Kartellrecht und Justizministerium zu Ihnen.

als exponierte »Branchenführer« fungieren. In der Regel handelt es sich bei Gatekeepern um Angehörige des mittleren Managements, die einen erheblichen Einfluß ausüben, weil sie in der Schaltzentrale des Informationsflusses sitzen.

Gatekeeper sind also einflußreich und können fundierte Informationen liefern, obwohl sie keine hochtrabenden Titel besitzen. Jedes Unternehmen sollte sich vor Augen halten, auf welche Weise diese Mitarbeiter den Informationsfluß unter den Beschäftigten fördern und wie dies zum Erfolg des Unternehmens beiträgt.

Verdauen à la Apple

Rückblickend muß festgestellt werden, daß Apple leider wie ein Vogel, nicht wie ein Elefant verdaut hat. Hätten wir 1987 beispielsweise aggressiv Lizenzen für das Betriebssystem von Macintosh vergeben, hätte sich dieses Betriebssystem vielleicht zum dominanten System für PCs entwickelt. Warum waren wir damals so dumm?

Die Antwort liegt nicht so klar auf der Hand, wie es im Rückblick vielleicht scheinen mag. Wir verdienten an jedem Macintosh 1 000 Dollar. Die Börse betrachtete Einkommen nur aus einem 90-Tage-Blickwinkel heraus. Heute mag es offensichtlich erscheinen, aber damals hätte es großen Mutes und großer Weitsicht bedurft, die Aushöhlung dieser phantastischen Margen zu fördern. Wie hätten wir den Aktionären beibringen sollen, daß wir in den kommenden beiden Jahren, in denen wir Standards etablieren und Maßstäbe setzen wollten, keine hohen Gewinne erwirtschaften würden? (Man könnte natürlich argumentieren, daß sich unsere Vorgesetzten gerade wegen solch schwieriger strategischer Entscheidungen dicke Gehälter einverleibten.)

Zu jener Zeit verfolgte IBM genau den entgegengesetzten Ansatz und schuf einen offenen Standard für den IBM-PC. Jedes Unternehmen – ausgenommen IBM – machte mit dem Verkauf von entsprechenden Klonen Geld. Damals wollten wir natürlich vermeiden, daß es uns genauso erging.

Außerdem, *mea culpa*, waren wir arrogant und französisch geprägt[116] (d. h. uns stand Jean-Louis Gassée[117] voran). Wir dachten, wir besäßen das beste Betriebssystem und einen uneinholbaren Vorsprung vor der Konkurrenz – warum sollten wir nicht ordentlich daran verdienen? Wir waren die Schöpfer des *fine du fine*, des *haute* Computer.

✍ Übung

Fragen Sie Ihren Geschäftsführer Finanzen, ob Wall Street Verständnis dafür haben wird, daß Ihre Gewinne zwei Jahre lang zurückgehen, während Ihr Unternehmen sein Produkt zum Standard erhebt.

Möge die richtige Entscheidung für Sie klarer auf der Hand liegen als für uns damals. Wenn Sie jemals eine so folgenschwere Wahl treffen müssen wie wir, dann verwenden Sie folgenden Algorithmus:

Je unumgänglicher Ihre Art von Produkt oder Service ist, um so stärker sollten Sie danach streben, es als Standard zu etablieren, geringere Gewinne pro Stück zu erzielen und das große Geld über die Menge zu machen.

---

116 Oder ist das redundant?
117 <http://www.be.com/>

Berechtigter- oder unberechtigterweise wird Apple für gewöhnlich als »Erfinder« des Personalcomputers und der graphischen Benutzeroberfläche bezeichnet. PCs und die graphische Benutzeroberfläche wären jedoch auch dann auf den Markt gekommen, wenn Apple sie nicht entwickelt hätte. Folglich hätten wir damals wie ein Elefant verdauen und Lizenzen für das Macintosh-Betriebssystem vergeben sollen.

Von der Freude am Verdauen

Zum Glück werden die meisten der von Ihnen weitergegebenen Informationen und Entscheidungen weniger Brisanz in sich bergen, als dies bei Apple damals der Fall war. Ein Revolutionär sollte sich jedoch grundsätzlich nach folgender Maxime richten: »Ich verdaue, also bin ich.« Denn je mehr Informationen Sie verbreiten, desto mehr Feedback wird bei Ihnen eingehen, da Menschen Vertrauen zu Ihnen aufbauen und die beiderseitigen Vorteile erkennen.
Ein in einem medizinischen Labor tätiger Forscher erklärte mir, welche Unterschiede zwischen der Arbeit für ein Unternehmen mit einer offenen Atmosphäre und der Arbeit in einem »verschlossenen« Unternehmen bestehen. Ich nenne seinen kleinen Aufsatz »Von der Freude am Verdauen«.

Ich habe für zwei völlig unterschiedliche Labors gearbeitet. Eines verdaute wie ein Vogel und ließ uns nie an seinen Erkenntnissen teilhaben. Es war, als müßten Sie sich parallel zur Autobahn einen neuen Weg bahnen. Ich konnte die bessere Strecke mit bloßem Auge erkennen, doch ließ man mich nicht dorthin, weil ich den Gefallen nicht hätte erwidern können.

Ich bin nun bei einem Labor beschäftigt, das verdaut wie ein Elefant. Ich versichere Ihnen, daß ich mich an jeden erinnere, der uns Verfahren, Analysen, Antikörper etc. schickt. Wir tun unser Bestes, um erwiesene Gefallen zu erwidern. Wir arbeiten auf diese Weise wesentlich effizienter.[116]

Die Computerbranche hält zwei aktuelle Beispiele für die Erschließung und Weitergabe von Informationen parat. Erstens gab id Software, Inc.,[118] Herausgeber des Computerspiels Doom, den Kunden die Möglichkeit, selbst Waffen, Feinde, Sounds und Kampfszenen für das Spiel zu kreieren. Das kam nicht nur der Qualität des Videospiels zugute, sondern regte die »Produzenten« der Waffen etc. zudem dazu an, ihre Bekannten zum Kauf des Spiels zu überreden. Wenn Sie im Internet nach Webseiten suchen, die sich mit dem Computerspiel Doom befassen, finden Sie Dutzende von ihnen, die dieses Spiel unterstützen.

Das zweite Beispiel liefert die Netscape Communications Corporation,[119] die am 22. Januar 1998 ankündigte, daß sie ihren Browser kostenlos abgeben und den Quellcode (d. h. die Programmierzeilen) für eine zukünftige Version namens Netscape Communicator 5.0 bekanntgeben würde. Die Veröffentlichung des Quellcodes würde bedeuten, daß Programmierer rund um den Globus das Netscape-Produkt verändern und verbessern könnten.

Das Unternehmen ging derart in die Offensive, um die Annahme und Verbreitung des Konkurrenzprodukts Internet Explorer von Microsoft zu verlangsamen. Hier ist meine Theorie:

---

118 <http://www.idsoftware.com/>
119 <http://www.netscape.com/>

- Microsoft »verschenkt« seinen Browser bereits, also kann Netscape nicht konkurrieren, wenn die Kunden den Netscape-Browser bezahlen müssen. Es muß seinen Browser kostenlos abgeben.
- Tausende von Programmierern werden sich Netscapes Quellcode schnappen und verbesserte Versionen und neue Versionen des Browsers kreieren.
- Egal, wie viele Microsoft-Programmierer sich auch dem Internet Explorer widmen – ihre Anzahl liegt mit Sicherheit unter der Zahl der »Hobby«-Programmierer, die an dem Produkt von Netscape herumbasteln.
- Die von der Öffentlichkeit geschaffenen Versionen werden besser auf bestimmte Gruppen von Personen und Firmen zugeschnitten sein als die einzelne Version des Internet Explorers von Microsoft. Daher wird der Netscape-Browser überleben.

Die beschriebene Maßnahme stellt eine faszinierende Entwicklung im Browser-Krieg dar. In den ersten Monaten wurde der Quellcode rund 250 000mal heruntergeladen. Irgend jemand wird sich eine beeindruckende Abwandlung einfallen lassen. Doch auch wenn dies nicht der Fall sein sollte, gebührt Netscape Ehre und Respekt, weil es anders gedacht und den Quellcode bekanntgegeben hat.

Die Grundsätze des Verdauens

Um Informationen auf eine möglichst effiziente Weise zu verbreiten (und zu erlangen), müssen die folgenden vier Maßnahmen ergriffen werden:

- **Überwinden Sie Ihre Paranoia.** Das Wichtigste zuerst: Machen Sie sich nicht länger Sorgen wegen der negativen Auswirkungen, die eine Weitergabe von Informationen an andere Abteilungen Ihres Unternehmens, an Kollegen und Wettbewerber haben könnte. Natürlich müssen Sie Ihre Informationen klug und umsichtig verbreiten, grundsätzlich sollten Sie jedoch lieber zuviel als zuwenig mitteilen.

- **Verteilen Sie in kurzen Abständen einfache und korrekte Informationen.** Geben Sie Ihre Informationen auf effiziente Weise weiter, indem Sie in kurzen Abständen leicht verständliche und korrekte Angaben übermitteln. Je besser Ihre Informationen sind und je häufiger Sie diese verteilen, desto bessere Informationen werden Sie bekommen.[117]
- **Benutzen Sie das Web!** V. I. (vor dem Internet) war die Weitergabe von Informationen mit hohen Kosten verbunden: Drucken, Reisen und lange Ferngespräche. Seit circa 1998 hat das Web diese Kosten erheblich reduziert und ermöglicht seither einen weltweiten Zugriff auf Informationen.
- **Beziehen Sie alle Ebenen ein.** Die Informationsweitergabe muß – ebenso wie das »Aushorchen« der Kunden – demokratisiert und institutionalisiert werden. Geben Sie allen Abteilungen Ihres Unternehmens die Möglichkeit, ihr spezielles Wissen zu teilen, gehe es nun um Forschung oder Urheberrecht.

Es mag sich um eine komische Metapher handeln – ich hoffe jedoch, daß Sie nun verstehen, warum »essen wie ein Spatz und verdauen wie ein Elefant« ein ernstzunehmendes und effizientes Verfahren darstellt, um einen revolutionären Wandel zu katalysieren.
Ein letztes Beispiel: Stan Lee, Chairman von Marvel Comics und Marvel Films, und John Buscema, der legendäre Comiczeichner (Silver Surfer und Conan), verfaßten gemeinsam ein Buch mit dem Titel *How to Draw*

Comics the Marvel Way. Außerdem brachte Marvel die erste Ausgabe eines neuen Comic Books im Internet heraus, bevor das Buch veröffentlicht wurde. Dabei stellte Marvel fest, daß dieser scheinbar selbstmörderische Akt den Absatz der Printausgabe sogar erhöhte.[118]
Welch mutige Taten! Marvel machte quasi folgende Aussagen: »So müssen Sie vorgehen, um unseren Stil zu kopieren« und »laden Sie sich dieses Comic kostenlos herunter.«

Lektüre für Revolutionäre

Managing the Flow of Technology, Thomas J. Allen, MIT Press, 1984, ISBN: 0262510278

The Intelligence Edge, George Friedman, Meredith Friedman, Colin Chapman und John S. Baker, Jr., Crown Publishers, Inc., 1997, ISBN: 0609600753

Kapitel 8: Digital denken, analog handeln

Erschaffen wie ein Gott,
pfuschen wie ein Mensch,
kriechen wie ein Hund.
Peter N. Glaskowsky

Benutzen Sie Technologie als Werkzeug

Digital zu denken bedeutet, mit Hilfe des gezielten Einsatzes von Technologie aktuelle Daten zu erheben, über Interaktionen mit Kunden auf dem laufenden zu bleiben und Informationen zu sammeln, um Konsumenten dadurch zielgenauer bedienen zu können. Statt sich auf Gerüchte, Gewohnheiten und Vorurteile zu verlassen, ist vielmehr klares und präzises Denken gefordert.

Analoges Handeln beruht auf persönlichen Beziehungen. Bisher hat noch keine Revolution zum Erfolg geführt, bei der nicht ein hohes Maß an analogem Kontakt gegeben war – dabei spielt es keine Rolle, wie großartig Ihr Produkt, wie effizient Ihr Marketing oder wie attraktiv Ihre Web Site ist. Wenn auch sämtliche Informationen per E-Mail, Voice-Mail oder Fax versendet werden, leben wir doch immer noch in einer analogen Welt.

Die Ritz-Carlton Hotel Company[120] liefert eines der besten Beispiele dafür, wie sich Technologie zum Zwecke des analogen Handelns einsetzen läßt. Die Kette hat über 500 000 individuelle Kundenwünsche und Kundenpräferenzen in ein Datenbanksystem eingegeben. Sobald eine Information (z. B. besondere Kopfkissenwünsche) gespeichert wurde, können Gästebetreuer an allen Standorten von Ritz-Carlton darauf zugreifen und entsprechend handeln.

Bei der Erhebung dieser Daten handelt es sich um einen analogen Prozeß: »Es gehört großes Geschick dazu, an die entsprechenden Informationen zu gelangen«, erläutert Nadia Kyzer, Corporate Manager der Abteilung Guest Recognition. »Wir fragen die Kunden nicht unverblümt nach ihren Wünschen.« Statt dessen plaudern die Koordinatoren der Guest Recognition freundlich mit

120 <http://www.ritzcarlton.com/>

Hotelgästen und setzen das Hotelpersonal ständig von den in Erfahrung gebrachten Präferenzen in Kenntnis – dies gilt vor allem für Stammgäste.
Was hier besonders ins Gewicht fällt, ist die Tatsache, daß das Ritz-Carlton das Potential der digitalen Technologie zur Verbesserung und Vertiefung, nicht zum Ersatz von persönlichen Beziehungen nutzt. Ebenso weiß Peapod, Inc., ein Unternehmen, das online Lebensmittel anbietet, welche Produkte seine Kunden für gewöhnlich kaufen und präsentiert ihnen automatisch die entsprechenden Informationen, um den Einkauf zu vereinfachen. Ohne digitale Technologie – Computer, Datenbanken und Netze – wäre dieses Vorgehen nicht möglich.
(Ich liebe Beispiele aus der Hotelbranche. Deshalb folgt nun ein weiteres Exempel für gutes analoges Handeln: das Little Nell Hotel in Aspen, Colorado. Das Rezeptionspersonal ruft Hotelgäste mindestens zwei Wochen vor ihrer Ankunft an, um mögliche Fragen zu beantworten, Restaurantreservierungen vorzunehmen und um sich um die Beförderung zu kümmern.[119] Das nenne ich analoges Handeln!)

... aber setzen Sie Technologie behutsam ein

So großartig digitale Technologie auch sein mag, kann sie doch auch negative Gefühle hervorrufen, wenn man mit ihrer Hilfe in die Privatsphäre von Kunden eindringt oder ihnen schlichtweg auf die Nerven geht. Ich hasse es z. B., wenn ich für 2 Dollar eine Batterie bei Radio Shack kaufe und der Verkäufer mich nach meinem Namen und meiner Adresse fragt, damit Radio Shack mich mit Werbung bombardieren kann.
Die digitale Macht kann leicht mißbraucht werden – halten Sie sich daher stets die folgenden Grundsätze vor

Augen, wenn Sie digital denken (das nächste Kapitel »Verlangen Sie von anderen nichts, was Sie nicht selbst tun würden« geht näher auf diese Thematik ein).
Erstens: Verlangen Sie niemals von Ihren Kunden, daß sie Ihnen persönliche Informationen übermitteln. Die Angaben können für Ihre Datenbank und Ihr Direktmarketing durchaus von entscheidender Bedeutung sein, aber das ist Ihr Problem, nicht das des Kunden. Hat Sie ein Verkäufer von Nordstrom (der analogste aller Einzelhändler) jemals nach Ihrem Namen und Ihrer Adresse gefragt?
Die beste Datenerhebung erfolgt ohne jede direkte Intervention. Wenn ich die Web Site von Amazon.com besuche, schlägt das Unternehmen mir anhand einer Überprüfung meines Kaufverhaltens bestimmte Bücher zum Kauf vor. Ich fliege dagegen seit Jahren mit United Airlines, und zwar rund 100 000 Meilen im Jahr. Doch jedesmal, wenn ich anrufe, muß ich wieder um einen Sitzplatz am Gang und um einen Obstteller bitten.
Zweitens: Verwenden Sie die erhobenen Daten klug und umsichtig. Wenn Ihre Kunden bereit sind, Ihnen bestimmte Informationen zu überlassen, dann nutzen Sie diese auch, aber nutzen Sie sie mit Bedacht. Das heißt, bombardieren Sie Ihre Abnehmer nicht mit Werbung.
Drittens: Holen Sie keine Informationen ein, wenn Sie diese nicht auch nutzen wollen. Container voller Informationen zu sammeln, nur um sie »bei der Hand zu haben«, ist vielleicht noch abscheulicher, als Kunden mit nutzlosen Werbebroschüren zu belästigen.
Im Idealfall sollten beide, d. h. Sie und Ihr Kunde, von den Ihnen anvertrauten Informationen profitieren. Zumindest Ihr Kunde sollte jedoch einen gewissen Nutzen daraus ziehen. Wenn die entsprechenden Angaben nur für Sie von Wert sind, dann schikanieren Sie Ihren Kunden ohne jeden Grund. Bei Ihrem Unternehmen auf der

Kundenliste zu stehen sollte niemals mit der Belastung verbunden sein, als Datenquelle für Ihre Forschungsprojekte zu dienen.

✍ Übung

Wenn Ritz-Carlton eine Fluggesellschaft gründen würde, würden Sie mit ihr fliegen?
Extrapunkte: Würde diese Fluggesellschaft Sie zweimal fragen, welchen Sitz und welche Mahlzeit Sie wünschen?

Identifizieren Sie die richtigen Entscheidungsträger

Revolutionäre begehen oftmals drei Kardinalfehler, wenn sie mit dem Marketing und der Verkündigung des Evangeliums für ihr Produkt beginnen:
Erstens gehen sie manchmal davon aus, daß bestimmte Personen Entscheidungen treffen können, die in Wirklichkeit nicht dazu in der Lage sind. 1983 und 1984 brachte Apple eine typische digitale MBA-Juppieanalyse hervor:

Macintosh ist ein Firmencomputer, und Firmen sehen zu den Unternehmen der Fortune-500-Liste auf. Fortune-500-Firmen werden von Präsidenten, Vizepräsidenten und MIS-Leitern (MIS = Management Information System) geführt. Diese Leute haben die Titel und die Positionen, also haben sie auch die Macht. Wenn wir ihnen die Vorzüge von Macintosh darlegen, werden sie von ihren Chefsesseln aus anordnen, ihre Unternehmen mit Macintosh-Computern auszustatten.

Mit dieser Strategie verkauften wir fünf Rechner. Die leitenden Angestellten konnten oder wollten die entsprechende Entscheidung nicht treffen. Sie mußten sich um andere Dinge kümmern – wir hatten die falschen Personen ins Visier genommen.

Zweitens denken Revolutionäre manchmal irrtümlicherweise, daß bestimmte Menschen keine Entscheidung treffen können. In den unteren Ebenen von Fortune-500-Unternehmen, auf allen Ebenen von Fortune-5 000 000-Unternehmen und in sämtlichen Bildungseinrichtungen liebte das Salz der Erde – Studenten, Lehrer, Künstler, Designer, Assistenzärzte, Berater, Schriftsteller – den Macintosh.

Diese Leute waren die richtigen Entscheidungsträger für Apple: Sie verrichteten die Arbeit, folglich erkannten sie vor allen anderen das enorme Potential der Macintosh-Revolution. Sie entwickelten sich zu Apples Evangelisten und verhalfen Macintosh zum Erfolg. Wären wir jedoch von ihrer Position im Organigramm des Unternehmens ausgegangen, so hätten wir angenommen, daß diese Menschen uns nicht helfen konnten.

✍ Übung

Wenn Sie mit einem Problem nicht weiterkommen, wen fragen Sie?

a) Ihren Ehepartner
b) Ihre Sekretärin
c) Ihren Seelenklempner
d) Das Kind in Ihnen

Drittens nehmen Revolutionäre oftmals an, daß es nur einen Entscheidungsträger gibt. Preserved Treescapes aus Oceanside, Kalifornien, verkauft künstliche Pflanzen und Arrangements aus Trockenblumen für innenarchitektonische Zwecke. Landschaftsarchitekten, die mit der Innenausstattung von gewerblich genutzten Immobilien beauftragt waren, bevorzugten jedoch echte Pflanzen und machten daher einen Bogen um Präsident und Geschäftsführer CEO Dennis Gabrick. Somit zählten diejenigen Gartenbaufirmen zu seinen ersten Kunden, die für die Pflanzenarrangements in Hotels oder Einkaufszentren zuständig waren.

»Wenn etwas schiefging, wurde die Schuld immer auf den Gärtner geschoben«, erinnert sich Gabrick. »Jedes Jahr stirbt etwa ein Drittel aller echten Pflanzen. Ich konnte den Landschaftsgärtnern Trockenarrangements und künstliche Pflanzen anbieten, die zehn Jahre oder länger halten. Bei unseren ersten Aufträgen handelte es sich um mittelgroße Projekte, bei denen es den Auftraggebern hauptsächlich um eine Einsparung der monatlichen Betriebskosten ging.«

Als immer mehr Landschaftsgärtner dazu übergingen, künstliche Pflanzen zu benutzen, setzte sich die Idee durch, und auch Landschaftsarchitekten zogen Gabricks Service nun in Betracht. Gabrick wußte, daß er einem Immobilienbesitzer oder -makler zu außerordentlichen Kostensenkungen verhelfen konnte, wenn keine echten Pflanzen mehr untergebracht werden mußten. Doch anstatt diese Klientel direkt anzusprechen, richtete Gabrick sein Augenmerk auf die Landschaftsarchitekten. Auch diese hatten viel zu gewinnen, wenn sie für sich in Anspruch nehmen konnten, im Rahmen eines Projekts Einsparungen erzielt zu haben.

Die Ermittlung der richtigen Entscheidungsträger ist ein analoger Prozeß. Normalerweise bleibt es nicht einer einzelnen Person überlassen, einseitige Ja-/Nein-Entscheidungen zu treffen. Es sind meist mehrere Personen, die Ihre Revolution unterstützen können, und diese wiederum werden von vielen anderen beeinflußt.

Ignorieren Sie Titel

Wie bei der Einführung des Macintosh deutlich sichtbar wurde, liegt eines der größten Hindernisse für die Ermittlung der richtigen Entscheidungsträger darin, Titeln und Berufsbezeichnungen zuviel Bedeutung beizumessen.
Zur Illustration dieses Konzepts folgt nun eine Geschichte, die nicht aus der Geschäftswelt stammt. Eines der Mitglieder der Internet Mailing-List für *Gesetze für Revolutionäre* stellte sich der Herausforderung, als Lehrer in einem Eskimodorf in den verschneiten Weiten Alaskas zu arbeiten. In Eskimodörfern herrschen derart rauhe Lebensbedingungen, daß die Fluktuation unter Lehrern bei nahezu 100 Prozent im Jahr liegt. Die Einheimischen sehen im Schulpersonal daher meist kaum mehr als eine vorüberziehende Clowns-Parade.
Der Lehrer erkannte, daß sein Berater, ein Inuit, die einzige Konstante im Schülerleben seiner Schützlinge darstellte, die 22 Yupik sprechende Kinder in der siebten und achten Klasse waren. Statt seinem Assistenten vorzuschreiben, was er tun sollte, ließ sich der Lehrer von ihm und von allen anderen nicht zum Lehrpersonal gehörenden Mitarbeitern beraten und inspirieren. Als Lehrer ist man in der Regel in eine recht hierarchische Struktur eingebunden, so daß es ungewöhnlich erscheint, bei Menschen Rat zu suchen, die weiter unten auf der Karriereleiter stehen. Dies gilt vor allem dann, wenn diese keine Hochschulausbildung vorweisen können und nur gebrochen Englisch sprechen.
In unserem Beispiel bewahrten diese Menschen den

Lehrer jedoch vor vielen Fehlern und erleichterten ihm in dem ganzen Dorf den Kontakt zu den Eltern. Das Benehmen seiner Schüler verbesserte sich auf erstaunliche Weise. Da er in den ersten Wochen seiner Tätigkeit die bescheidenen Titel seiner »Assistenten« ignoriert hatte, hielten die Kinder ihn für respektvoll und brachten auch ihm mehr Respekt entgegen.[120]

Hochtrabende Titel heißen noch lange nicht, daß der Titelträger über Wissen und Macht verfügt. Analog lassen bescheidene Titel nicht darauf schließen, daß eine Person dumm und machtlos ist. Ein Revolutionär schert sich nicht um wohlklingende Titel. Er legt einzig und allein Wert darauf, daß andere sein Anliegen verstehen und ihm helfen wollen.

Die Empfehlung, Titel zu ignorieren, bezieht sich auch auf Ihre eigenen Angestellten. Beschränken Sie Ihren persönlichen Kontakt nicht auf jene Mitarbeiter, die für Kundenbeziehungen zuständig sind. Beziehen Sie statt dessen das ganze Unternehmen in Ihre Mission mit ein. Ihre Kunden werden beeindruckt sein, wenn sich alle Angestellten, nicht nur der Kundendienst, für ihre Belange einsetzen. Auf der anderen Seite erfahren Ihre Beschäftigten mehr über Ihre Kunden und können sie somit effektiver bedienen.

In ihrem Buch *Best Practices* gehen Robert Hiebler, Thomas Kelly und Charles Ketteman auf Patricia O'Brien Saari, eine Angestellte von United Airlines,[121] ein. Als leitende Buchhalterin in der Geschäftsstelle in Seattle führte Saari das Freiwilligenprogramm »100 000 Miles of Thanks« ein. Mitarbeiter in verschiedenen Positionen schrieben Vielflieger (ab 100 000 Meilen im Jahr) an, dankten ihnen für ihr Vertrauen und erinnerten sie daran, die Vergünstigungen für 100 000-Meilen-Flieger wahrzunehmen.[121]

121 <http://www.ual.com/>

Dies ist ein wunderbares Beispiel dafür, digital zu denken und analog zu handeln: Die Computer von United spürten die treusten Vielflieger auf, doch die Angestellten setzten die analoge Maßnahme um, ihnen Briefe zu schicken und auf diese Weise die Bindung der Kunden an die Fluggesellschaft zu vertiefen.

Lassen Sie sich persönlich blicken

Sie können den schönsten Ort der Welt erträumen, planen und bauen, doch Sie brauchen immer Menschen, um ihn Wirklichkeit werden zu lassen.[122]
Walt Disney

Die obige Regel fällt in die Kategorie von »achte auf meine Worte, nicht auf mein Tun«, denn meine bevorzugten Kommunikationsmittel sind (in der Reihenfolge ihrer Beliebtheit): E-Mail, Fax, Telefon, Brief und persönliches Zusammentreffen.
Mea culpa – E-Mails, Faxmitteilungen und Telefonanrufe (vor allem Voice-Mail-Nachrichten) sind längst nicht so effektiv wie ein persönlicher Besuch. Da viele Menschen meinem schlechten Beispiel folgen, hat sich der persönliche Besuch zu einem wirkungsvollen Instrument für Revolutionäre entwickelt – er vertieft die Beziehung zu Ihren Kunden. Sie unterbreiten Ihnen Vorschläge zur Verbesserung Ihrer Produkte oder Dienste, sie bringen Ihren Fehlern mehr Toleranz entgegen, und sie wechseln bei Preisunterschieden nicht gleich den Händler.[122]

122 Außerdem wird man Sie seltener mit lächerlichen Vorschriften behelligen, wenn Sie sich persönlich blicken lassen. Fluggesellschaften besitzen z. B. ein umfassendes Regelwerk, in dem festgelegt ist, was eine Umbuchung kostet, wer in die erste Klasse aufgenommen wird und welche Kupons benutzt werden können. Anstatt

Schon ein einfacher Besuch stellt also ein einflußreiches Verkaufs- und Missionarsverfahren dar. Erheben Sie sich von Ihrem Stuhl, steigen Sie in Ihr Auto oder in ein Flugzeug und optimieren Sie Ihre Ergebnisse. Nutzen Sie E-Mails, Faxmitteilungen und Voice-Mail als nachgeordnete Methoden der Pflege von Kontakten.
Ein Schreibstift ist nicht nur mächtiger als das Schwert, sondern er ist auch mächtiger als Textverarbeitung oder E-Mail. Wenn Sie bei Ihren Kunden nicht persönlich vorstellig werden können oder dies bereits getan haben, dann gehen Sie den einfachsten, preisgünstigsten und erfolgversprechendsten Weg, um einen persönlichen Kontakt herzustellen: handschriftliche Mitteilungen auf elegantem Briefpapier.

Mischen Sie sich unter das *hoi polloi*

Ich habe lange Zeit gedacht, daß sich der Begriff *hoi polloi* auf die Elite, die obere Schicht der Gesellschaft bezieht (immerhin handelt es sich um ein sehr gewählt klingendes Fremdwort). Tatsächlich bezeichnet der Begriff genau das Gegenteil: das gemeine Volk. Es reicht nicht aus, sich persönlich blicken zu lassen, sondern Sie müssen auch die richtigen Leute aufsuchen. Diese Empfehlung geht über das Ignorieren von Titeln hinaus, weil sie außerdem besagt, daß ständig das Gespräch mit dem *hoi polloi* gesucht werden sollte. Hier sind die Gründe:

- **Sie werden in Zukunft schneller an bestimmte Personen herankommen.** Sekretärinnen, Empfangspersonal, Hilfskräfte und Ehefrauen/Ehemänner

---

zu versuchen, einen Angestellten am Telefon davon zu überzeugen, daß er für Sie eine Ausnahme macht, sollten Sie lieber gleich zu einem Ticketschalter gehen und Ihr Anliegen persönlich vorbringen.

kontrollieren die Welt. (Hinter jedem erfolgreichen Manager steht eine erstaunte Sekretärin.) Diese Leute entscheiden darüber, wer zum Chef oder zur Chefin durchgehen darf und wer nicht. Es wird der Augenblick kommen, wo Sie den Chef unbedingt sprechen müssen, seien Sie also nett und freundlich, bevor Sie die entsprechenden Beziehungen brauchen.

- **Es stärkt die Moral.** Wartungstechniker von Disneyland rieben sich eines Morgens kurz vor Tagesanbruch verwundert die Augen, als sie Walt höchstpersönlich erblickten, wie er in Pyjama und Morgenmantel die Main Street U.S.A. hinabschlenderte. (Er übernachtete häufig in seinem Apartment über der Feuerwehr.) »Laßt uns gehen«, sagte Walt zu den Arbeitern, »ich weiß, wo der Schlüssel für den Getränkeautomaten liegt.« So machten sie sich auf den Weg dorthin, um ihre Moral zu stärken.[123]
- **Die Mitarbeiter kennen das System am besten.** Einem Schulbezirk in Florida lag eine Liste mit genehmigten Händlern vor, bei denen die Schulen ihre Ausrüstung kaufen konnten. Ein sehr beliebter Händler, der nicht auf dieser Liste stand, wurde vom *hoi polloi* davon in Kenntnis gesetzt, daß Upgrades nicht dieser Einschränkung unterlagen. Er verkaufte eine große Menge von Computern und Zubehör.
- **Sie erhalten die richtigen Informationen.** In seinem Buch *What Do You Care What Other People Think?* erzählt Richard Feynman die heute berühmte Geschichte, wie er *seine* Untersuchung der Challenger-Explosion durchführte. Er traf sich mit den Technikern, die das Shuttle untersuchten, während dem Rest des Untersuchungsausschusses von Managern geschönte Informationen aufgetischt wurden.
- **Es kann Ihren Kopf retten.** Ein Mitglied der Internet Mailing-List für *Gesetze für Revolutionäre* schickte mir

die folgende E-Mail, um mir zu verdeutlichen, wie der Umgang mit dem *hoi polloi* ihn vor großem Ärger bewahrte. Ich gebe seine Botschaft hier in vollem Wortlaut und mit allen Rechtschreibfehlern wieder – ehrlichere Worte wurden nie gesprochen!

Ich bin Schüler im letzten Jahr an der Highschool. Schon früh habe ich mich mit den Sekreterinnen angefräundet. Im Laufe der letzten 4 Jahre bin ich um 36 zeitweilige Ausschlüsse und unzählige Stunden des Nachsitzens herumgekommen. Es ist der Verwaltungsapparat, der wirklich Macht hat.[124]

Schaffen Sie eine virtuelle Community

Wenngleich das Ritz-Carlton digitale Technologien einsetzt, um seine Gäste individuell und persönlich zu betreuen, bildet das Hotel stets die Nabe der Aktivität, während die Gäste die Speichen sind. Verglichen mit anderen Kundengruppen wie den Besitzern eines Saturn,[123] Macintosh oder einer Harley Davidson,[124] interagieren Hotelgäste nur selten miteinander.

Sie können Menschen, die sich für Ihre Revolution begeistern, zusammenführen, indem Sie die Gründung von »User Groups« anregen. Diese Gruppen charakterisieren sich dadurch, daß alle Mitglieder ein Hobby oder ein Interesse teilen. Sie können diesen analogen Prozeß technologisch unterstützen, indem Sie eine virtuelle Gemeinschaft im Internet aufbauen.

Viele Unternehmen glauben, eine virtuelle Community zu schaffen sei so einfach wie die Gestaltung einer ange-

123. <http://www.saturn.com/>
124 <http://www.harley-davidson.com/>

sagten Web Site, deren Besuch der Internet-Surfer an keinem Tag verpassen darf. Träumen Sie weiter! Diese Sites sind Werbung, sie fördern keine Gemeinschaften. Wenn Sie eine virtuelle Community aufbauen wollen, müssen Sie folgende Grundsätze einhalten:

- **Gemeinschaft kommt vor dem Geschäft.** Um es mit den Worten von John Hagel III und Arthur G. Armstrong (Autoren von *Net.Gain*) auszudrücken, müssen Sie »die Gemeinschaft vor das Geschäft stellen.«[125] Das heißt, der Zweck Ihrer Bemühungen liegt im Aufbau einer Community, nicht in der Steigerung von Verkaufszahlen – lassen Sie also die geschäftliche Komponente beiseite. Die Gemeinschaft existiert zu ihrem eigenen Wohl, nicht zum Wohle Ihres Unternehmens.
- **Fördern Sie die Kommunikation.** Geben Sie den Interessenten die Möglichkeit, über Schwarze Bretter und Mailing-Listen miteinander zu kommunizieren. Die Kommunikation der Mitglieder Ihrer Community untereinander besitzt einen höheren Stellenwert als die Kommunikation zwischen den Mitgliedern und Ihrem Unternehmen. Sie fungieren zwar als Veranstalter, aber Sie veranstalten eine Cocktailparty, nicht eine Vorlesung.
- **Stellen Sie die Interessen der Community über Ihre eigenen.** Sie gehen davon aus, daß Sie von einer lebendigen, aktiven Gemeinschaft profitieren können. Um an dieses Ziel zu gelangen, müssen Sie kurzfristige Eigeninteressen jedoch zurückstellen. Die Mitglieder Ihrer virtuellen Community sollten z. B. die Möglichkeit haben, offen über Konkurrenzprodukte zu diskutieren und diese auch zu befürworten.
- **Tolerieren Sie Kritik.** Ihre Gemeinschaft sollte nicht nur offen für Wettbewerbsprodukte werben dürfen, sondern sie muß auch Ihre Erzeugnisse kritisieren

können. Diese Freiheit bringt zwei sehr wünschenswerte Ergebnisse mit sich: Erstens schafft sie gute Public Relations, weil die Tolerierung von Kritik auf einer von einem Unternehmen finanzierten Web Site gänzlich unbekannt ist, und zweitens erhalten Sie offenes, umfangreiches und kostenloses Kunden-Feedback.

- **Ermutigen Sie »Persönlichkeiten«.** Erinnern Sie sich, daß MTVs Moderatoren mit ihrem individuellen Stil einer der Schlüssel zum Erfolg des Musiksenders waren? Das gleiche gilt auch für eine Web Site. Regen Sie Ihre Mitarbeiter dazu an, Online-Persönlichkeiten zu entwickeln, und zeigen Sie auf diese Weise, daß keine unternehmenshörige Gedankenpolizei Ihre Webseite kontrolliert.

Ein wunderbares Beispiel für ein Unternehmen mit einer virtuellen Community liefert Motley Fool.[125] Tom und Dave Gardner gründeten die Firma im Jahr 1994, um das Konzept zu predigen, Geldanlagen in die eigene Hand zu nehmen. Wenn Sie die Webseite von Motley Fool besuchen, treffen Sie auf eine Gemeinschaft mit starkem inneren Zusammenhalt, deren Schwerpunkt auf der gegenseitigen Anlageberatung liegt.

Kooperieren Sie mit Kunden, um Kundenanteile zu erringen

Kooperatives Marketing ist gegeben, wenn Sie auf das hören, was der Kunde sagt, und wenn Sie einen Kunden auffordern, tatsächlich an der Herstellung des Produkts mitzuwirken.
Don Peppers und Martha Rogers

125 <http://www.fool.com/>

In ihrem Buch *The One to One Future – Building Relationships One Customer at a Time* predigen Don Peppers und Martha Rogers das Konzept, Kundenanteile statt Marktanteile zu erringen. Die Jagd nach Marktanteilen beruht ihrer Ansicht nach auf folgendem Ansatz: Wenn wir nur eine Dose Wasser an jeden Chinesen verkaufen könnten... Peppers und Rogers plädieren dafür, nicht seine Marktanteile auszubauen, sondern den Kunden als eine lebenslange Aneinanderreihung von Käufen zu betrachten, die es zu gewinnen gilt.
Der effektivste Weg zur Eroberung von Kundenanteilen basiert auf der Zusammenarbeit mit den Kunden. Im Rahmen dieser Kooperation arbeiten Sie nicht nur mit den richtigen Personen zusammen, sondern die Zusammenarbeit dient auch dem beiderseitigen Nutzen.
Peppers und Rogers unterbreiten sieben Empfehlungen, um die Zusammenarbeit mit dem Kunden zu erleichtern und zu fördern:

- **Hören Sie auf, mit militaristischen und feindlichen Begriffen auf Ihre Kunden Bezug zu nehmen.** Zu diesen Begriffen zählen »Ziel«, »Segment« und »Krieg«. Wie wäre es mit »Personen, Menschen« oder »Kunden«?
- **Stellen Sie sicher, daß Sie ein Qualitätsprodukt oder einen Qualitätsservice anbieten.** Ein hohes Qualitätsniveau ist unerläßlich, um bei Kunden überhaupt ein **Interesse** für die Zusammenarbeit zu wekken.
- **Richten Sie Ihr Augenmerk auf den einzelnen Kunden.** Kooperation bedeutet, daß das größte Segment, mit dem Sie sich befassen, aus einer einzelnen Person besteht – nicht aus ganzen Bevölkerungsgruppen oder großen Personenkreisen.
- **Zeichnen Sie alle Kundentransaktionen auf.** Die

Kooperation fällt schwer, wenn Sie nicht wissen, welche Produkte ein Kunde bisher bei Ihnen erworben hat. Sie wickeln vielleicht Millionen von Transaktionen ab, doch jeder Kunde denkt nur an seine eigenen.

- **Finden Sie heraus, welche Hindernisse einer loyalen Kundschaft im Wege stehen und beseitigen Sie diese.** Ihr Produkt oder Service muß nicht perfekt sein, doch Sie müssen bereit sein, Verbesserungen vorzunehmen. Dazu müssen Sie zunächst wissen, welche Hindernisse der Kundenzufriedenheit im Weg stehen.
- **Nutzen Sie Beschwerden als Möglichkeit für weitere Geschäfte.** Mein erster Chef, Marty Gruber, machte mich auf einen wichtigen Aspekt aufmerksam: Solange sich Kunden noch beschweren, möchten sie weiterhin mit Ihnen Geschäfte machen. Wenn jedoch keine Beschwerden mehr eingehen, müssen Sie anfangen, sich Sorgen zu machen.
- **Zeigen Sie Ihren Kunden Wege, mit Ihnen zusammenzuarbeiten.** Ebenso wie ich davon überzeugt bin, daß jedes Produkt »gepredigt« werden kann, gehen Peppers und Rogers wahrscheinlich davon aus, daß jedes Produkt zur Zusammenarbeit mit dem Kunden führen kann, wenn Sie auf diese Zusammenarbeit Wert legen.

Übung

***Guys Mensch-Eignungstest GMET*[126]**

Das Wort, das optimales analoges Verhalten am treffendsten beschreibt, ist der jiddische Begriff »Mensch«. Im Jiddischen bezeichnet er eine Person, die bewundert und respektiert wird und der man vertraut, weil sie einen ausgeprägten Sinn für Moral und Gerechtigkeit besitzt.

Einige Beispiele:

In einem Straßen-Basketballturnier steht es zwischen zwei Mannschaften zehn zu zehn. Die Mannschaft, die zuerst den elften Punkt macht, hat gewonnen. Es warten bereits mehrere Teams auf das nächste Spiel, so daß der Verlierer in jedem Falle einige Runden pausieren muß. Eine Spielerin macht einen Dribbelfehler, der von niemandem bemerkt wird. Dennoch gibt sie ihren Fehler zu. Sie ist ein »Mensch«.

Ein Schriftsteller schreibt ein Marketingbuch und entdeckt in einem anderen Werk ein brauchbares Konzept – z. B. bezüglich der Rolle des Menschseins im Geschäftsleben. Obwohl er den fremden Text nicht übernimmt, sondern nur die Grundidee verwendet, zitiert er den anderen Autor, weil er glaubt, daß diesem die Ehre für das Konzept gebührt. Er ist ein »Mensch«.

---

126 Meine Quelle für die Idee eines Mensch-Quotienten-Tests ist *The Secrets of Savvy Networking* von Susan RoAne.

Ein Einkäufer einer großen, erfolgreichen Schmuckhandlung erteilt einem Goldschmied, der sich gerade selbständig gemacht hat, einen Auftrag. Der Einkäufer weiß, daß sich der Goldschmied sehnlichst wünscht, die Schmuckhandlung zu beliefern, und ihr daher wahrscheinlich ein sehr langes Zahlungsziel einräumen würde. Doch der Einkäufer nutzt die Situation nicht aus und zahlt die Rechnung zu den üblichen Konditionen. Er ist ein »Mensch«.

In der Geschäftswelt (und im Leben) verfügt ein Revolutionär, der ein »Mensch« ist, über einen immensen Vorteil, weil man viel leichter jemandem glaubt, den man bewundert. Dieses Kapitel endet mit dem GMAT, mit dessen Hilfe Sie Ihren Mensch-Quotienten (MQ) feststellen können.

Helfen Sie anderen Menschen, auch wenn Sie keinen Nutzen daraus ziehen können?
Oft (10 Punkte)
Manchmal (5 Punkte)
Nie (0 Punkte)

Geben Sie die Textmarker zurück, die Sie sich ausgeliehen haben?
Immer (10 Punkte)
Manchmal (5 Punkte)
Nie (0 Punkte)
Was ist ein Textmarker? (– 5 Punkte)

Sorgen Sie dafür, daß sich die Ehegatten von Geschäftspartnern bei gesellschaftlichen Anlässen wohl fühlen?
Immer (10 Punkte)
Manchmal (5 Punkte)

Nie (0 Punkte)
Was ist ein Ehegatte? (– 10 Punkte)

Wie oft verschicken Sie handschriftliche Mitteilungen?
5mal pro Woche oder öfter (10 Punkte)
1 bis 4mal pro Woche (5 Punkte)
Nie (0 Punkte)

Wie schnell erledigen Sie Ihre Korrespondenz (Briefe, Faxmitteilungen oder E-Mail)?
Innerhalb einer Stunde (15 Punkte)
Innerhalb eines Tages (10 Punkte)
Innerhalb einer Woche (5 Punkte)
Innerhalb eines Jahres (– 5 Punkte)

»Eine Sekretärin ist nur ein Hindernis zwischen mir und der Person, mit der ich sprechen möchte.«
Stimmt nicht (10 Punkte)
Stimmt (0 Punkte)
Was ist eine Sekretärin? (–5 Punkte)

Testergebnis
60–65 Punkte: Ein wahrer »Mensch«. Leo Rosten sollte Sie in seiner nächsten Ausgabe von »The Joys of Yiddish« als Vorbild anführen.
45–60 Punkte: Sie haben noch Chancen, »Mensch« zu werden, wenn Sie sich nicht zuviel mit MBAs umgeben.
25–45 Punkte: Sie sollten Gebrauchtwagen verkaufen.
0–25 Punkte: Sie sollten kaputte Gebrauchtwagen verkaufen.

Lektüre für Revolutionäre

Net Gain – Expanding Markets Through Virtual Communities. John Hagel III und Arthur G. Armstrong, Harvard Business School Press, 1997, ISBN: 0875847595 (Net Gain – Profit im Netz. Märkte erobern mit virtuellen Communities, Gabler 1997, ISBN: 3-409-18959-9)

The One to One Future – Building Relationships One Customer at a Time, Don Peppers und Martha Rogers, Currency/ Doubleday, 1997, ISBN: 0385485662 (Die 1:1 Zukunft. Strategien für individuelles Kundenmarketing, Haufe 1994, ISBN: 3-448-02950-5)

The Secrets of Savvy Networking: How to Make the Best Connections for Business and Personal Success, Susan Roane, Warner Books, ISBN: 0446394106 (Natürlich zum Erfolg! Der smarte Weg, ein dichtes Kommunikations- und Beziehungsnetz zu knüpfen, Oesch 1996, ISBN: 3-85833-551-7)

Turned on – Eight Vital Insights to Energize Your People, Customers and Profits, Roger Dow und Susan Cook, HarperBusiness, 1997, ISBN: 0887308619.

Kapitel 9: Verlangen Sie von anderen nichts, was Sie nicht selbst tun würden

Ich habe einen ganz einfachen Geschmack. Ich bin immer mit dem Besten zufrieden.
Oscar Wilde

Die 110 000-Dollar-Lektion

Vor fünf Jahren investierte ich 110 000 Dollar in eine Softwarefirma. Das Unternehmen produzierte ein High-End-Anwendungsprogramm, das die Funktionalität eines Tabellenkalkulationsprogramms mit der einer Datenbank kombinierte. Als die Firma ihren Geschäftsbetrieb einstellte, verlor ich jeden Penny, den ich investiert hatte.

Ich saß im Vorstand des Unternehmens, so daß ich bei wichtigen Entscheidungen mitreden konnte. Ich erinnere mich lebhaft an eine Vorstandssitzung, auf der der stellvertretende Verkaufsleiter folgende Thesen verbreitete: a) Es gab 1 100 Beta-Test-Unternehmen, b) sie alle liebten das Produkt, und c) er rechnete fest damit, spätestens einen Monat vor der ersten Auslieferung Bestellungen oder Vorauszahlungen in den Händen zu halten (als er diese Behauptung aufstellte, waren es noch sechs Monate bis zu dem geplanten Auslieferungsdatum).

Ich weiß noch, wie ich ihn fragte, aus welchem Grund Unternehmen ein Produkt bestellen sollten, das bisher noch gar nicht auf dem Markt war. Unisono mit dem Präsidenten der Firma erwiderte er mir, daß ich die Funktionsweise des »Unternehmensmarkts« nicht verstünde (da meine beruflichen Erfahrungen sich auf die Konsumsoftware konzentrierten) und das Produkt so revolutionär sei, daß Kunden im voraus Bestellungen aufgeben würden.

Die prognostizierten Anzahlungen und Aufträge blieben aus, und das geplante Lieferdatum konnte nicht eingehalten werden. Ansonsten lief alles prima. Natürlich mußte das Unternehmen bald Konkurs anmelden, weil ihm das Geld ausging und seine Kapitalgeber keine Mittel mehr zur Verfügung stellen wollten. So endete die Revolution.

Dennoch habe ich meine 110 000 Dollar nicht gänzlich zum Fenster hinausgeworfen, denn ich erhielt für diesen fairen Preis eine wichtige Lektion:

Bitten Sie Ihre Kunden nie um Dinge, die Sie selbst auch nicht tun würden.[127]

Kein Unternehmen auf der großen weiten Welt würde im voraus eine PC-Software bestellen oder eine entsprechende Anzahlung leisten. Falls wir für unser Unternehmen ein Buchhaltungsprogramm gesucht hätten, hätten wir es auch nicht vorab bestellt oder angezahlt – dennoch erwarteten wir von unseren Kunden genau dieses Verhalten.

---

127 Tatsächlich habe ich aus dieser Geschichte drei lehrreiche Schlüsse gezogen, aber nur der erste ist für Revolutionäre wirklich relevant. Ich präsentiere Ihnen auch die anderen beiden, damit ich mir einreden kann, mein Geld sinnvoll verschwendet zu haben:

- **Widersprechen Sie.** Wenn Sie eine Machtstellung innehaben, z. B. als leitender Manager oder Vorstandsmitglied, so sollten Sie sich nicht nach der Meinung anderer richten, wenn Ihnen bestimmte Vorgehensweisen als unvernünftig und falsch erscheinen. Argumentieren Sie statt dessen dagegen, bis Sie sich schließlich vom Gegenteil überzeugen lassen oder die anderen zu Ihrer Sichtweise bekehrt haben.
- **Solange es bis zur ersten Auslieferung eines Softwareprodukts noch länger als acht Wochen dauert, hat die Firma keine Ahnung von dem tatsächlichen Liefertermin.** Lesen Sie nun, was eine Softwarefirma wirklich meint, wenn sie die Frage »Wie weit sind Sie mit Ihrer Software« mit den folgenden typischen Phrasen beantwortet: »Alle Funktionen sind vorhanden« – 12 Monate bis zur Lieferung; »Wir optimieren die Funktionen« – sechs Monate bis zur Lieferung; »Unsere Betatest-Unternehmen sind begeistert« – die Wagniskapitalgeber sehen ihr Geld nie wieder; »Kein Kommentar« – das Programm wird komplett neu geschrieben, und »Innerhalb von 30 bis 60 Tagen« – vor der nächsten Aktionärsversammlung.

Das Lehrgeld anderer

Nicht jeder kann mal eben 110 000 Dollar bezahlen, um aus eigenen Fehlern klug zu werden – Sie erhalten für den Preis dieses Buches gleich drei Beispiele dafür, wie Unternehmen von anderen Menschen Dinge forderten, die sie selbst nicht hätten tun wollen.
Zweites Beispiel: Eine kalifornische Bank setzte Computer ein, um Kunden oder potentielle Kunden in den Abendstunden zu Hause anzurufen. Wenn sie ans Telefon gingen, wurden sie von dem Computer gebeten, ein Momentchen zu warten, bis sich ein Vertreter der Bank meldete.[126]
Was hatte sich der Marketingchef der Bank nur dabei gedacht? Der Übergang vom Homebanking (ohne Zweifel eine revolutionäre Idee) zum *Hold*banking (»hold the line, please«) stellt garantiert keinen Fortschritt dar. Leitende Bankangestellte hätten mit Sicherheit kein Verständnis dafür, in ähnlicher Weise von anderen Unternehmen angerufen zu werden – dennoch erwarteten sie von ihren Kunden diese Toleranz.

Übung

Das nächste Mal, wenn ein Telemarketer Sie zu Hause anruft, fragen Sie ihn nach seiner Privatnummer und teilen Sie ihm mit, Sie würden sich abends bei ihm melden.

Das dritte Beispiel stammt aus dem Servicebereich. Meine wissenschaftliche Assistentin Michele Moreno hatte Probleme mit ihrem schnurlosen Telefon von AT&T,[128]

128 <http://www.att.com/>

weshalb sie AT&Ts Abteilung für Garantieleistungen anrief. Folgende Prozedur mußte sie über sich ergehen lassen:

- Zuerst lauschte sie einer Einführung, die sie davon in Kenntnis setzte, daß die Abteilung für Garantieleistungen von AT&T nach einer Namensänderung nun Lucent Technologies hieß.
- Danach mußte sie aus drei verschiedenen Abteilungen die passende auswählen.
- Dann mußte sie sich für eine von vier verschiedenen Serviceoptionen entscheiden.
- Anschließend mußte sie unter mehreren Produktarten das passende Produkt auswählen.
- Nun mußte sie eine Modellnummer eingeben.
- Jetzt mußte sie aus einer Liste von sieben häufigen Problemarten die passende auswählen.
- Sie drückte die entsprechende Zahl und bekam vier Lösungsmöglichkeiten zu hören, die sie nach der Beendigung des Telefonats ausprobieren sollte.
- Dann hieß es in der Ansage: »Wenn Sie diese Lösungsmöglichkeiten ausprobiert haben und Ihr Telefon noch immer nicht funktioniert, wählen Sie bitte noch einmal unsere gebührenfreie Telefonnummer und drücken die Taste 7 für Hilfe.«

Ich bin in jedem Fall dafür, Problemen mit modernen Technologien wie Voice Mail zu Leibe zu rücken. Doch seine Kunden durch ein derartiges Labyrinth zu schikken, macht keinen Sinn. AT&T schreit seinen Kunden förmlich ins Gesicht: »Richten Sie sich gefälligst nach uns!«

✍ Übung

Falls Ihr Unternehmen mit Voice Mail arbeitet – wählen Sie die entsprechende Nummer und prüfen Sie, ob es bei Ihnen besser läuft als bei AT&T.

Überwinden Sie Ihre Paranoia

Die Geschichte entbehrt vielleicht jeder Wahrheit, doch Nordstrom soll einem Kunden gestattet haben, einen Autoreifen zurückzugeben, von dem dieser hartnäckig behauptete, ihn dort gekauft zu haben. Natürlich führt Nordstrom keine Autoreifen im Sortiment.

Der Paranoiker würde jetzt fragen: »Aber was passiert, wenn jeder Autobesitzer seine Reifen bei Nordstrom zurückgibt? Dann müßte Nordstrom Konkurs anmelden!« Doch Autofahrer gehen mit ihren Reifen normalerweise nicht zu Nordstrom und werden es auch in Zukunft nicht tun. Nordstrom wird niemals um seine Existenz bangen müssen, weil es eine Rückgabe von Waren akzeptiert, die dort nicht verkauft werden.

Manager scheuen davor zurück, kundenfreundliche, revolutionäre Verfahren einzuführen, weil sie befürchten, daß zu viele Konsumenten diese Praktiken nutzen und sie zu guter Letzt quasi mit einem Lager voller Reifen dastehen könnten.

Doch trotz allem, was der bekannte amerikanische Unternehmer Andy Grove Ihnen erzählen wird, können auch paranoide Unternehmen in Gefahr geraten.

Bevollmächtigen Sie Ihre Mitarbeiter

Mit Vollmachten ausgestattete Mitarbeiter sind begeisterte Mitarbeiter. Sie haben die erforderliche Entscheidungsfreiheit und Unterstützung und werden so im Sinne des Kunden in der richtigen Weise die richtigen Maßnahmen umsetzen. Die Dinge gehen erst dann schief, wenn sich das »Management« einmischt und Ziele setzt, Standards etabliert und mit Leistungsmessungsbögen Angst verbreitet.

Die Mitarbeiter des Ritz-Carlton (14 000 an der Zahl) besitzen z. B. die Befugnis, bis zu 2 000 Dollar auszugeben, um Kundenprobleme zu beheben, die mit dem Hotel zu tun haben. Das gilt nicht nur für Manager, sondern auch für Zimmermädchen, Pagen oder Pförtner.[127]

Wenn jeder Mitarbeiter für einen Kunden 2 000 Dollar ausgeben würde, müßte das Ritz-Carlton wahrscheinlich seine Pforten schließen (14 000 × 2 000 Dollar = 28 000 000 Dollar). Allerdings sind weder die Hotelangestellten so dumm noch die Gäste so unehrlich, daß dieser Fall jemals eintreten wird.

Mit Vollmachten ausgestattete Mitarbeiter generieren Gewinne und Kundenloyalität. Ein Freund von mir ärgerte sich einmal über die mangelnde Bereitschaft und Unfähigkeit eines Angestellten einer Fluggesellschaft, eine Abrechnungsfrage zu klären. Er marschierte deshalb zum Schalter von Southwest Airlines und erklärte die Situation.

Der Mitarbeiter von Southwest Airlines[129] verkaufte meinem Freund das Ticket zum gleichen Preis wie die andere Fluggesellschaft (obwohl es sich ursprünglich um eine 30-Tage-Buchung handelte), indem er so tat, als hätte mein Freund das Ticket sieben Tage im voraus erworben.

---

129 <http://www.southwest.com/>

Dank dieser Handlung eines mit Verantwortung ausgestatteten Mitarbeiters ließ sich Southwest Airlines ein Geschäft von 250 Dollar nicht entgehen und gewann vor allem einen treuen Kunden hinzu.
Bei dieser Entscheidung handelte es sich um einen bevollmächtigten, nichtparanoiden und höchst »analogen« Entschluß. Die Regularien hätten eigentlich eine andere Vorgehensweise vorgeschrieben, doch der Mitarbeiter handelte zum Wohle des Kunden.

Lassen Sie Kunden mitentscheiden

Die Ergänzung zu bevollmächtigten Mitarbeitern sind bevollmächtigte Kunden. Wenn Kunden den Eindruck gewinnen, keinen Einfluß ausüben zu können, reagieren sie heftig und negativ. (Wie ich in Kapitel 1 erwähnt habe, deuten Ohnmachtsgefühle auf eine Marktmöglichkeit hin.)
Stellen Sie sich z. B. vor, eine Fluggesellschaft verbummelt Ihr Gepäck. Man erzählt Ihnen, daß Sie gemäß den geltenden Vorschriften nun 48 Stunden warten müssen, um zu sehen, ob das Gepäck noch gefunden wird. *Dann* dürfen Sie sich eine Zahnbürste kaufen, und die Fluggesellschaft erstattet Ihnen die Kosten. An wem lag es denn, daß Ihr Gepäck verschwunden ist? Und putzt sich das Personal der Fluggesellschaft 48 Stunden lang nicht die Zähne?
Der effektivere Weg liegt darin, dem Kunden Kontrollbefugnisse an die Hand zu geben. Der entsprechende Prozeß setzt sich aus zwei Stufen zusammen: Zunächst einmal übermitteln Sie Ihren Kunden ehrliche und präzise Informationen. Die Kunden von United Parcel Service[130]

130 <http://www.ups.com/>

können z. B. den Verbleib eines Pakets weltweit verfolgen, indem sie eine Tracking-Nummer eingeben oder eine E-Mail an einen Server senden, wobei die Tracking-Nummer als Betreff anzugeben ist.
Zweitens: Lassen Sie die Kunden entscheiden, welche Schritte unternommen werden sollen. Die überwältigende Mehrheit der Menschen handelt vernünftig, sorgen Sie also dafür, daß sich bevollmächtigte Mitarbeiter um bevollmächtigte Kunden kümmern können. Sie werden zudem feststellen, daß Menschen mit Einflußmöglichkeiten wesentlich nachsichtiger gegenüber Mißgeschikken und kleinen Schnitzern sind, die immer einmal passieren.

Versprechen Sie weniger und leisten Sie mehr

So einfach diese Empfehlung ist, so selten wird sie in die Tat umgesetzt. Verinnerlichen Sie folgendes Prinzip: Machen Sie Ankündigungen, von denen Sie sicher wissen, daß Sie sie einhalten können, und versuchen Sie dann, diese zu übertreffen. Manch eine Revolution kam gar nicht erst ins Rollen, weil sie vorher zu groß angekündigt wurde.
Heißt das, daß Sie untertreiben sollen? Ganz genau! Wenn Sie Ihre Versprechen einhalten (was Ihnen zumindest gelingen sollte), werden Ihre Mitmenschen angenehm überrascht sein. Wenn Sie Ihre Ankündigungen gar übertreffen, werden Sie ungläubiges Erstaunen ernten. Vielleicht ist es heute jedoch schon revolutionär, einfach nur seine Zusicherungen zu erfüllen.

Übung

Richtig oder falsch?
Vor den Fahrgeschäften von Disneyworld kann man auf Anzeigetafeln ablesen, wie lange man noch warten muß. Die Wartezeiten werden absichtlich zu hoch angezeigt.

Behandeln Sie Ihre Kunden wie *Kamaainas*

Falls Sie der Insel Hawaii schon einmal einen Besuch abgestattet haben, sind Ihnen vielleicht die *Kamaaina*-Preise bei Fluggesellschaften, Hotels und den meisten Touristenattraktionen aufgefallen. Diese Preise liegen 20 bis 30 Prozent unter den üblichen Preisen. *Kamaaina* ist das hawaiische Wort für »Einheimischer«. In der Praxis bezeichnet der Begriff Menschen, die auf Hawaii leben, wobei ihre ursprüngliche Herkunft nicht von Belang ist. (Ich habe 20 Jahre lang auf Hawaii gelebt, wohne jetzt aber in Kalifornien. Folglich zahle ich die Touristen- oder *Haole*-Preise.)

Unternehmen unterstützen *Kamaaina*-Preise, weil *Kamaainas* langfristige Dauerkunden sind und weil es den Public Relations nützt, sich für Mitglieder der örtlichen Gemeinde einzusetzen. Im Gegensatz dazu behandeln die meisten Unternehmen, die sich neue Geschäfte erschließen wollen (hier droht der Todesmagnet »Marktanteil«), ihre bestehende Klientel letztendlich schlechter als Neukunden oder als die Kunden der Konkurrenz. Es folgen zwei Beispiele für dieses Verhalten.

Ein anspruchsvolles Fachmagazin für Hifi-Fans produzierte eine CD mit exzellenten Aufnahmen. Neue Abonnenten der Zeitschrift erhielten die CD als Geschenk. »Alte« Abonnenten mußten für die CD 17 Dollar bezah-

len.[128] Tatsächlich ist bei vielen Zeitschriften der Abschluß eines neuen Abonnements günstiger als die Verlängerung eines bereits bestehenden Abos. Warum sollte ich mein Abonnement also nicht beenden und zu einem späteren Zeitpunkt wieder aufnehmen oder direkt zu einem Mitbewerber wechseln?
Zweites Beispiel: Bei vielen Mobilfunkgesellschaften erhalten Sie ein Gratistelefon, wenn Sie einen Vertrag unterzeichnen. Als alter Kunde müßten Sie für das gleiche Telefon den vollen Preis bezahlen. Naheliegenderweise wechseln viele Kunden einfach ihren Service-Provider, um bei einer anderen Gesellschaft den Status eines »neuen« Kunden zu erlangen.[129]

Denken Sie allozentrisch

Bisher drehte sich das Kapitel darum, wie Sie Negativergebnisse vermeiden, indem Sie Kunden nicht um lächerliche oder lästige Dinge bitten, die Sie selbst auch nicht tun würden. Wenn Ihre Konkurrenz jedoch eben diesen Fehler begeht, eröffnen sich Ihnen dadurch neue Geschäftschancen. Alles, was Sie tun müssen, ist allozentrisch zu denken.
Adam M. Brandenburger und Barry J. Nalebuff erläutern in ihrem Buch *Co-opetition*, was unter allozentrischem Denken zu verstehen ist. Im Rahmen des allozentrischen Denkens versetzen Sie sich in die Lage einer anderen Person, um bestimmte Probleme aus deren Sicht zu betrachten.[130]
Ein Angestellter von Whirlpool zeichnete z. B. ein Fernsehinterview mit Gail auf, einer Frau mit mehreren Kindern und einem Vollzeitjob. Daraufhin wurden die Mitarbeiter von Whirlpool aufgefordert, Geräte zu entwickeln, die sich »um Gail kümmern würden«. Die

Beschäftigten machten sich an die Arbeit und versahen beispielsweise Whirlpools Herd *CleanTop* mit einer vollkommen ebenen Oberfläche, die wesentlich leichter zu reinigen war. Außerdem kreierten sie die Spülmaschine »Quiet Partner«, ein absolut leise laufendes Gerät, das Gail nicht länger durch Lärm stören würde. Die Hausarbeit mit Gails Augen zu betrachten versetzte Whirlpool in die Lage, bedeutende Produktverbesserungen einzuführen.
Es folgen noch einige weitere Beispiele für allozentrisches Denken:

- **Ältere Menschen.** In Children's Wonderland, einer Tagesstätte in Oxnard, Kalifornien, werden hauptsächlich Kinder im Alter von bis zu sechs Jahren betreut. Zu den betreuten Personen zählen jedoch auch 15 Senioren, die gebrechlich sind oder unter Altersdemenz leiden. In dieser Einrichtung sind die älteren Bürger nicht der Langeweile und Isolation ausgesetzt, die oft in Altenheimen droht, sondern sie sind von Kindern umgeben und können mit diesen spielen.[131]
- **Schwangere Frauen.** Mark und Matt Emerson sind 27jährige Zwillinge und die Gründer von Maternal Concepts.[131] Beide sind ledig und haben keine Kinder. Mit Hilfe allozentrischen Denkens haben sie die Schwangerschaftsmatratze Prenatal Baby Cradle konzipiert. Diese babyblaue Luftmatratze weist zwei Vertiefungen auf: die »Brustkammer« und die »Bauchkammer«. Diese sollen es schwangeren Frauen ermöglichen, auf dem Bauch zu schlafen. Man kann die Matratze entweder mieten (157 Dollar für drei Monate) oder für 249,95 Dollar kaufen, falls mehrere Kinder geplant sind.[132] [133]

131 <http://www.maternalconcepts.com/>

Übung

(Nur für Männer) Schnallen Sie sich für neun Monate ein Gewicht von 12 kg um den Bauch. Wie steht es mit Ihrer Laune?

- **Behinderte.** Designer am Ontario Rehabilitation Technology Consortium[132] entwickelten einen Toilettensitz für Kinder mit Zerebralparese, indem sie die Stellung des Benutzers und des Betreuers einnahmen. Bei anderen Produkten werden die Kinder mit Riemen und Schnallen in die geeignete Position gebracht. Diese Geräte haben beinahe zwangsläufig ein entsetzliches Aussehen und bieten alles andere als einen bequemen Sitz für die Benutzer. Die Designer von Consortium richteten ihr Augenmerk auf ein Halterungssystem, das auch ohne Riemen und Schnallen einen hohen Stabilitätsgrad erzielte. Das Gerät läßt sich von dem Betreuer zudem weitaus einfacher handhaben und gefällt sowohl Kindern mit Zerebralparese als auch ihren nicht behinderten Geschwistern.[134]
- **Koreaner.** Kimchi ist der Name eines eingelegten, würzigen koreanischen Kohlgerichts mit starkem Geruch. Bei längerer Lagerung entstehen Gase, die bei den meisten Behältern den Deckel hochgehen lassen. Tupperware[133] dachte koreanisch und entwickelte ein Produkt namens Kimchi Keeper. Der Verschluß dieses großen Behälters weist eine weiche Kuppel auf, die hochklappt, wenn dem Kohl Gase entströmen. Ein in den Deckel integriertes Ventil kann geöffnet werden, um die Gase entweichen zu lassen. Der Boden der Behälter ist so konzipiert, daß die Töpfe stapelbar sind.

---

132 <http://www.oise.utoronto.ca>
133 <http://www.tupperware.com/>

Bewahren Sie einen kühlen Kopf

Ich schließe dieses Kapitel mit einer Geschichte ab, die mir über die Internet Mailing-List für *Gesetze für Revolutionäre* zugeschickt wurde. Die Anekdote illustriert, wie wichtig es ist, Menschen nicht um Dinge zu bitten, die man selbst auch nicht tun würde.

In Sri Lanka kämpfte eine kleine, neugegründete Bank darum, sich in einem konkurrenzintensiven Markt eine Nische zu schaffen.[135] Der Vorsitzende der Bank besuchte gemeinsam mit einem Unternehmensberater zuerst seine eigenen Zweigstellen und dann die Niederlassungen der Konkurrenz. Es war an dem Tag sehr schwül, und der Ort litt zudem unter hoher Luftverschmutzung. Nach einem exquisiten Mittagessen in einem klimatisierten Fünf-Sterne-Hotel kehrten die beiden in das ebenfalls mit einer Klimaanlage ausgestattete Büro des Bankvorsitzenden zurück.

Dem Berater fiel auf, daß keine der besuchten Banken – weder die seines Kunden noch die der Mitbewerber – klimatisiert war, und er empfahl seinem Kunden eine ganz einfache Maßnahme: Klimaanlagen einbauen!

Die Bank verdankt ihren erfolgreichen Start in gewissem Maße auch ihrer Klimatisierung. Das Management stattet noch immer alle Niederlassungen, so abgelegen sie auch sein mögen, mit Klimaanlagen aus, weil es selbst nicht gerne in stickiger, verschmutzter Luft seine Bankgeschäfte regeln würde.

Kleinste Details können Ihre Revolution in Schwung bringen oder sie im Keime ersticken. Sie können den Erfolg Ihrer Revolution vorantreiben, indem Sie sich grundsätzlich in die Lage Ihrer Kunden versetzen.

✍ Übung

Welche Folgen hatte die Erfindung der Klimaanlage?[136]

a) Einen größeren staatlichen Verwaltungsapparat
b) Angenehmere Kinobesuche
c) Die Isolierung von Bewohnern der Südstaaten
d) Die Entstehung von Las Vegas
e) Alle vorgenannten Möglichkeiten

Lektüre für Revolutionäre

Marketing High Technology – An Insider's View, William H. Davidow, Free Press, 1986, ISBN: 002907990X

Teil IV Schluß-folgerung

Kapitel 10: Lassen Sie sich nicht von Dummheit kleinkriegen (Ne te terant molarii)[134]

134 Die wörtliche Übersetzung des lateinischen Satzes lautet: »Laß dich von den hart arbeitenden Müllern nicht zermahlen«, und sie wurde mir freundlicherweise übermittelt von Nina Barclay (über Holly Camerota) von der Norwich Free Academy.

Technologie und Erfindungen

Mit der Weltausstellung von Paris wird auch die Geschichte des elektrischen Lichts enden, und man wird nichts mehr davon hören.
Erasmus Wilson, Professor an der Oxford University,[135] 1878

Gut informierte Menschen wissen, daß es unmöglich ist, die menschliche Stimme via Kabel zu übertragen. Und wenn es möglich wäre, so hätte das Ganze keinen praktischen Wert.
Leitartikel in der *Boston Post*, 1865

Dieses »Telefon« weist zu viele Mängel auf, um ernsthaft als Kommunikationsmittel in Betracht gezogen zu werden. Das Gerät kann uns in keinem Falle nützen.
Internes Memo der Western Union,[136] 1876

Mein lieber DeForest, alle Radiotelefone, die das Land je brauchen wird, würden in diesem Raum Platz finden.
W.W. Dean, Präsident der Dean Telephone Company, zu Lee DeForest, amerikanischer Radiopionier, 1907

Wenn das Fernsehen theoretisch und technisch eventuell auch machbar ist, so betrachte ich es doch kommerziell und finanziell als unrealisierbar; es ist eine Entwicklung, auf die wir nicht viel Zeit zu verschwenden brauchen.
Lee DeForest, Zitat in der *New York Times*,[137] 1926

[Der Mensch wird niemals auf dem Mond landen], ungeachtet allen zukünftigen wissenschaftlichen Fortschritts.
Lee DeForest, Erfinder der Radioröhre, *New York Times*, 25. Februar 1957

---

135 <http://www.ox.ac.uk/>
136 <http://www.westernunion.com/>
137 <http://www.nyt.com/>

Ich bin diese Sache namens Wissenschaft leid ... Wir haben in den letzten Jahren Millionen in die Wissenschaft investiert, und es wird Zeit, daß wir diese Sache beenden.
Simon Cameron, US-Senator aus Pennsylvania, der einen Finanzierungsstopp für die Smithsonian Institution[138] fordert, 1861

Alles, was erfunden werden kann, wurde bereits erfunden.
Charles H. Duell, Commissioner im amerikanischen Office of Patents,[139] 1899

Computer

Ich denke, es gibt einen Weltmarkt für vielleicht fünf Computer.
Diese Bemerkung wird Thomas Watson zugeschrieben, Chairman of the Board von IBM, 1943

Ich bin kreuz und quer durch dieses Land gereist und habe mit den besten Managern und Unternehmern gesprochen. Ich kann Ihnen mit aller Berechtigung versichern, daß die Datenverarbeitung ein reiner Modetick ist, der das Jahr nicht überleben wird.
Der für Wirtschaftsliteratur zuständige Lektor von Prentice-Hall[140] gegenüber Karl V. Karstrom
(ein untergeordneter Lektor, der ein Manuskript
über Datenverarbeitung empfahl), um 1957

---

138 <http://www.si.edu/>
139 <http://www.uspto.gov/>
140 <http://www.prenhall.com/>

Es gibt keinen einzigen Grund, warum Privatleute sich einen Computer zulegen sollten.
Ken Olsen, Präsident der Digital Equipment Corporation[141] auf dem Kongreß der World Future Society, 1977

Wir gingen also zu Atari und sagten: »Hey, wir haben hier ein ganz erstaunliches Gerät, das sogar mit einigen von euren Teilen gebaut wurde. Wollt ihr uns nicht finanzieren? Oder wir überlassen es euch einfach – Hauptsache, wir können es herstellen. Ihr zahlt uns ein Gehalt, und wir kommen und arbeiten für euch.« Und sie antworteten: »Nein«. Also gingen wir zu Hewlett-Packard, und sie sagten: »Hey, wir brauchen euch nicht. Ihr habt ja noch nicht einmal das College abgeschlossen.«
Steve Jobs, Gründer der Apple Computer Inc., über seine Versuche, bei Atari und H-P[142] Interesse für seinen und Steve Wozniaks Personalcomputer zu wecken

640K sollten für jedermann genug sein.
Bill Gates, 1981

Transport und Verkehr

Die gewöhnliche »pferdelose Kutsche« ist zur Zeit ein Luxusartikel der Reichen. Auch wenn ihr Preis in Zukunft wahrscheinlich fällt, wird sie natürlich niemals einen so breiten Einsatz finden wie das Fahrrad.
The Literary Digest, 14. Oktober 1899

Daß das Automobil praktisch die Grenzen seiner Entwicklung erreicht hat, wird daran deutlich, daß im vergangenen Jahr keine nennenswerten Verbesserungen erzielt wurden.
Scientific American,[143] 2. Januar 1909

---

141 <http://www.dec.com/>
142 <http://www.hp.com/>
143 <http://www.sciam.com/>

Flugmaschinen, die schwerer sind als Luft, sind ein Ding der Unmöglichkeit.
Lord Kelvin, britischer Mathematiker und Präsident der British Royal Society,[144] um 1895

[Flugzeuge] sind interessante Spielzeuge, jedoch von keinerlei militärischem Wert.
Marschall Ferdinand Foch, Professor für militärische Strategie an der Ecole Supérieure de Guerre, 1911

»Professor Goddard kennt den Zusammenhang zwischen Aktion und Reaktion nicht und weiß nicht, daß man als Reaktionswiderstand etwas Besseres braucht als ein Vakuum. Anscheinend mangelt es ihm an den Grundkenntnissen, wie sie heute tagtäglich in der High School vermittelt werden.«
1921 in der *New York Times* erschienener Leitartikel über Robert Goddards revolutionäre Raketenarbeit.

Politische Revolution

Das französische Volk ist des Königsmords nicht fähig.
König Ludwig XVI. von Frankreich, um 1789 (er wurde des Verrats für schuldig befunden und 1793 geköpft)

Ihre Verfassung ist ein Schiff mit vielen Segeln, doch ohne Anker ... Entweder wird ein Cäsar oder Napoleon die Macht übernehmen und mit strenger Hand regieren, oder Ihre Republik wird ... im zwanzigsten Jahrhundert von Barbaren verwüstet werden wie das römische Reich im fünften Jahrhundert.
Thomas Babington Macaulay, britischer Staatsmann und Autor, 1857

---

144 <http://www.royalsoc.ac.uk/>

Neue Unternehmen

Ausreichend.
Diese Bewertung gab Professor Challis A. Hall, Jr. der Semesterarbeit 43A von Fred Smith im Fach Wirtschaftswissenschaften. Auf der Grundlage des Drehkreuzkonzepts, das Smith in seinem Referat behandelte, baute dieser das Unternehmen Federal Express auf.[137]

Ein Keksgeschäft ist eine schlechte Idee. Außerdem geht aus Marktforschungsberichten hervor, daß Amerika knusprige Kekse mag, nicht die weichen Kekse, wie Sie sie herstellen.
Reaktion auf Debbi Fields' Idee, Mrs. Fields' Cookies zu gründen[145]

Unterhaltung

Das Radio hat keinen vorstellbaren kommerziellen Wert. Wer würde für Botschaften und Nachrichten bezahlen, die nicht an bestimmte Personen gerichtet sind?
Die Reaktion der Partner von David Sarnoff auf sein Drängen, in den 20er Jahren in das Radio zu investieren

Wer sollte Geld dafür ausgeben, sich die Zeichnung einer niedlichen Prinzessin anzusehen, wenn er im Kino zum gleichen Preis die Oberweite von Joan Crawford bewundern kann?
Louis B. Mayer zu *Schneewittchen*

Das Kino ist unwesentlich mehr als eine flüchtige Modeerscheinung. Es bietet Theater aus der Konserve. Was das Publikum wirklich sehen möchte, sind Schauspieler aus Fleisch und Blut auf der Bühne.
Charlie Chaplin, um 1916

---

145 <http://www.mrsfields.com/>

Medizin

[Louis Pasteurs] Theorie über Bazillen ist eine lächerliche Erfindung.
Pierre Pachet, Professor für Physiologie in Toulouse,[146] 1872

Der Bauch, die Brust und das Gehirn werden dem Zugriff des weisen und humanen Chirurgen für immer verschlossen bleiben.
Sir John Eric Ericksen, britischer Chirurg, der zum Surgeon-Extraordinary für Königin Victoria ernannt wurde, 1837

Menschen

Wir glauben nicht an die Dauerhaftigkeit seiner Reputation.
The Saturday Review, London, 8. Mai 1858, über Charles Dickens

Es tut mir leid, Herr Kipling, aber Sie wissen einfach nicht mit der englischen Sprache umzugehen.
Der Herausgeber des *San Francisco Examiner,*[147] der Rudyard Kipling (von dem ein Artikel veröffentlicht worden war) mitteilte, daß er keinen zweiten Artikel zur Veröffentlichung einreichen sollte, 1889

Ich bin nur froh, daß es Clark Gable ist, der auf die Nase fällt, und nicht Gary Cooper.
Gary Cooper zu seiner Entscheidung, die Hauptrolle in *Vom Winde verweht* abzulehnen

---

146 <http://www.univ-tlse2.fr/>
147 <http://www.examiner.com/>

Gauguin ist ... ein dem Wahnsinn anheimgefallener Maler.
Kenyon Cox, amerikanischer Maler und Kunstkritiker, *Harper's Weekly*, 15. März 1913

Er könnte nicht einmal einen Inside Pitch treffen, um seinen Kopf zu retten. Wenn er ein Weißer wäre, hätte man ihn wahrscheinlich niemals in die Major League geholt.
Bob Feller, Pitcher der Baseballmannschaft Cleveland Indians, zu der Ankündigung, daß die Dodgers Jackie Robinson verpflichtet hatten, 1945

Es ist eine zu große Umstellung. Und überhaupt: Wie können Sie aus einer Suchmaschine ein Unternehmen zaubern?
Guy Kawasakis Antwort darauf, ob er an einem Vorstellungsgespräch für die Position des CEO bei Yahoo! interessiert sei, als das Unternehmen sich noch in der Aufbauphase befand.

Dummköpfe gegen Dummheit

Zuerst trug dieses Kapitel den Titel »Laß dich von Dummköpfen nicht unterkriegen«, doch als ich die Beiträge der Mailing-List-Mitglieder durchsah (ganz zu schweigen von meinen eigenen Beispielen), wurde mir klar, daß es dumm ist, jemanden wegen eines aus dem Zusammenhang gerissenen Zitats als Dummkopf zu bezeichnen.
Nur sehr wenige Menschen sind komplette Idioten. Klar, irgend jemand dachte allen Ernstes, daß Telefone unnütze Geräte seien, und ein anderer benotete die Geschäftsidee von Federal Express mit »ausreichend«, doch dieselben Menschen waren vielleicht exzellente

Manager, zogen wunderbare Kinder groß, inspirierten Hunderte von Studenten und machten die Welt auf ihre Weise zu einem besseren Ort. Sind sie zwangsläufig Dummköpfe? Ich glaube nicht.[148]
Deshalb lautet die Überschrift zu diesem Kapitel also »Laß dich von Dummheit nicht unterkriegen«, da es sich bei Dummheit um ein vorübergehendes Leiden handeln kann. Bevor ich gleich näher auf Dummheit eingehe, möchte ich zunächst betonen, wie wichtig es ist, sich nicht kleinkriegen zu lassen. Der amerikanische Kinderbuch-Klassiker *The Carrot Seed* veranschaulicht diesen Punkt auf optimale Weise. Es folgt daher eine vollständige Wiedergabe der Geschichte.

148 Falls Ihnen die Sammlung von Expertenaussagen gefallen hat, müssen Sie unbedingt *The Experts Speak* von Christopher Cerf und Victor Navasky lesen. Einen Großteil der obigen Zitate habe ich diesem Buch entnommen – es ist die Bibel der Dummheiten.

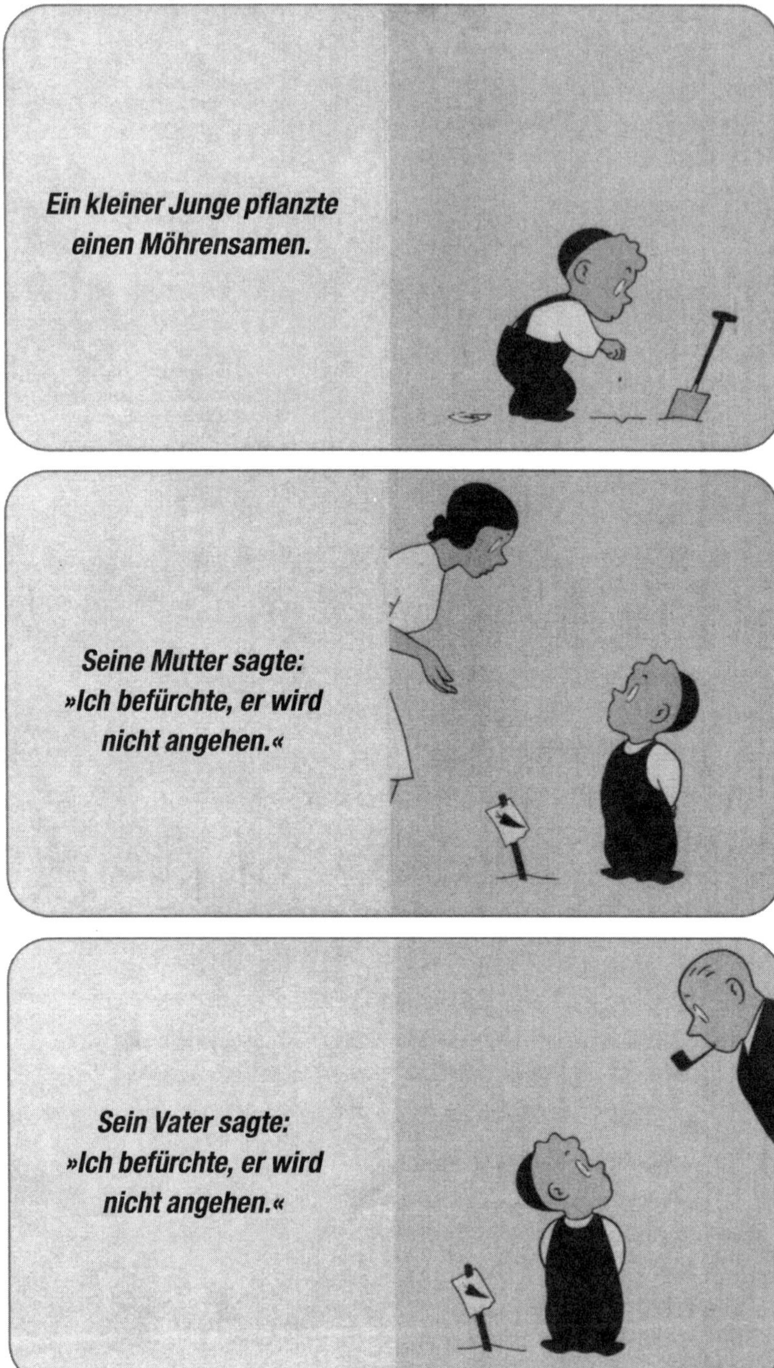
Ein kleiner Junge pflanzte einen Möhrensamen.
Seine Mutter sagte: »Ich befürchte, er wird nicht angehen.«
Sein Vater sagte: »Ich befürchte, er wird nicht angehen.«

Und sein großer Bruder sagte: »Er wird nicht angehen.«
Jeden Morgen rupfte der Junge das Unkraut heraus, das sich um das Beet herum ausgebreitet hatte, und goß die Stelle.
Aber es zeigte sich nichts an der Oberfläche.

Und es zeigte sich nichts
an der Oberfläche.

Und alle sagten weiterhin,
daß sich auch nichts
an der Oberfläche
zeigen würde.

Aber er fuhr fort,
das Unkraut auszurupfen
und die Stelle zu gießen.

Und dann, eines Tages
ragte eine Möhre aus der Erde
genauso, wie der Junge es gewußt hatte.

Warum gibt es Dummheit?

Eigentlich können Sie das Buch jetzt aus der Hand legen, weil *The Carrot Seed* alle wesentlichen Aussagen enthält: Säe Samen, rupfe Unkraut, gieße und glaube. Falls Sie jedoch mehr über Dummheit erfahren wollen, lesen Sie bitte weiter.
In seinem Buch *Inevitable Illusions* erläutert Massimo Piattelli-Palmarini seinen Ansatz der sieben Todsünden. Diese Todsünden verleiten einen Menschen zu der Annahme, etwas zu wissen, obwohl ihm dieses Wissen eigentlich fehlt. Mit Hilfe der sieben Sünden wird erklärt, warum Dummheit existiert. Und zu wissen, warum Dummheit existiert, wird Ihnen helfen, sie zu bekämpfen.

- **Übersteigertes Selbstvertrauen.** Je mehr eine Person über ein bestimmtes Thema weiß, desto mehr ist diese Person von sich und ihrem Wissen überzeugt und läuft daher Gefahr, dumme Fehler zu begehen. Genau aus diesem Grund können sich EDV-Experten in puncto Computern so täuschen.

Übung

Richtig oder falsch? Kartoffeln stammen ursprünglich aus Peru.

- **Wunschdenken.** Wenn Menschen von positiven Korrelationen überzeugt sind, suchen sie nach zusätzlichen Bestätigungen für ihre Annahme. Menschen neigen von Natur aus dazu, zu bestätigen und zu verifizieren statt zu entlarven oder zu widersprechen.
- **Vorhersagbarkeit im nachhinein.** Wenn Menschen erfahren, was passiert ist, glauben sie hinterher oft-

mals, daß sie das Geschehene hätten voraussagen können. Wenn sie z. B. hören, daß ein Produkt gescheitert ist, dann »wußten« sie, daß es dazu kommen mußte. Laßt uns Vorhersagen im voraus machen, nicht erst nach dem entsprechenden Ereignis.

- **Festhalten an Meinungen.** Menschen halten an ihren ursprünglichen Meinungen fest und müssen meist mühsam dazu gebracht werden, von diesen Standpunkten loszulassen. Dieses Festhalten an Meinungen schränkt die Bandbreite an realisierbaren Optionen ein. Wenn Sie sich die zu Beginn des Kapitels aufgeführten Zitate noch einmal durch den Kopf gehen lassen, werden Sie feststellen, daß die Zitierten unfähig waren, über die Grenzen ihrer verankerten Meinungen hinauszuschauen.
- **Leichtigkeit der Vorstellung.** Je leichter es Menschen fällt, eine Vorstellung von einem bestimmten Geschehen zu entwickeln, desto häufiger gehen sie fest davon aus, daß dieses Geschehen auch eintrifft. Einen Mord kann man sich z. B. leicht vorstellen, weil er in Fernsehfilmen und Nachrichtensendungen oft genug präsentiert wird. Viele Menschen nehmen daher wahrscheinlich an, daß Mord häufiger vorkommt als Selbstmord. Tatsächlich fordert Selbstmord mehr Opfer.
- **Blindheit für Wahrscheinlichkeit.** Die meisten Leute haben ein gering ausgeprägtes Verständnis von Wahrscheinlichkeit. Piattelli-Palmarini bringt zur Veranschaulichung dieser Aussage das folgende Beispiel: Viele Menschen halten es für weniger wünschenswert, die Wahrscheinlichkeit, einen Preis zu gewinnen, von 32 Prozent auf 37 Prozent zu erhöhen als die genannte Wahrscheinlichkeit von 94 Prozent auf 99 Prozent zu steigern. Dabei wird die Wahrscheinlichkeit in beiden Fällen um 5 Prozent erhöht. Dank

dieser Blindheit werfen staatliche Lotterien so hohe Gewinne ab.

- **Unangemessene Verknüpfungen.** Mathematisch gesehen ist das Eintreten zweier Ereignisse grundsätzlich weniger wahrscheinlich als das Eintreten eines einzelnen Ereignisses. Dennoch stellen Menschen oft eine Verbindung zwischen mehreren unwahrscheinlichen Ereignissen her, um mit einem Endergebnis aufzuwarten, das ihnen glaubhafter erscheint als die einzelnen Ereignisse für sich betrachtet. Ein Beispiel: Die USA marschieren in Mexiko ein, Mexiko übt mit einer von China gelieferten Atombombe Vergeltung, die USA greifen China an, China schlägt zurück, und die Erde wird zerstört.

Man stelle sich einen jungen, bis in die Haarspitzen motivierten Entrepreneur mit einer Idee für einen revolutionären PC vor, der die Vorherrschaft von Windows angreifen will. Dieser Jungunternehmer wird nun mit den beschriebenen Sünden konfrontiert.
Ein »Experte« erzählt ihm, daß er mit seinem Produkt scheitern wird. Dieser Experte, vormals Produktmanager in einer Computerfirma, arbeitet heute als Branchenanalyst bei der International Data Corporation. In Fachpublikationen wird er häufig zitiert. Er erzählt unserem Entrepreneur, daß er nicht den Hauch einer Überlebenschance hat. (Übersteigertes Selbstvertrauen.)
Der Experte untermauert seine These und »belegt« seine Sachkenntnis, indem er erklärt: »Ich wußte, daß Apple Probleme bekommen würde, weil es die Betriebssysteme von Microsoft, sprich den Industriestandard, nicht unterstützte.« (Vorhersagbarkeit im nachhinein.)
Nach einer kurzen Zeit verbucht unser Unternehmer Erfolge, denn bestimmte Nischenmärkte sind von dem neuen Computer begeistert. Der Experte glaubt jedoch

noch immer, daß der Jungunternehmer niemals einen Hardwarestandard vorgeben wird, weil er ihm anfänglich ein Scheitern vorausgesagt hat. (Festhalten an Meinungen.)
Die gängigen Presseorgane teilen die kurzsichtige Einschätzung des Experten. Sie können sich leicht ausmalen, wie die kleine, neu gegründete Computerfirma in ihrem Kampf gegen Computerriesen scheitern muß, die Microsoft Windows verkaufen. (Leichtigkeit der Vorstellung.)
Bei ihrem letzten, eisigen Zusammentreffen erzählt der Experte dem Unternehmer, daß seine Firma aus folgenden Gründen zugrunde gehen wird:

- Die neue Regierung in Washington wird die Zügel in puncto Wettbewerb und Regulierung locker lassen.
- Das Justizministerium wird Microsoft die Freiheit einräumen, in jeder beliebigen Weise zu konkurrieren.
- Microsoft wird einen Großteil der Presse kaufen, einschließlich Tageszeitungen und Fernsehsendern. Es kann daher bis in alle Ewigkeit die Standards für das Abrufen und die Übermittlung von Informationen im Internet kontrollieren.
- Mit einem Marktanteil von fast 100 Prozent und unendlichen Ressourcen wird Microsoft alle talentierten Hochschulabgänger der Welt einstellen.
- Nach zehn Jahren wird Microsoft die ganze Welt beherrschen. (Unangemessene Verknüpfungen.)

Kein Aber

Ein Revolutionär muß fortwährend gegen das »aber« ankämpfen: »Sie haben da ein interessantes Produkt, aber...« »Ich sehe ein, daß man ein besseres Verfahren bräuchte, aber ...« »Ich würde Ihnen ja gerne helfen, aber ...« Es folgen verschiedene Methoden, mit denen Sie gegen diese vom »aber« beherrschte Denkweise angehen können:

- **Konzentrieren Sie sich auf Kunden, nicht auf Schwexperten.** Wenn Sie den Weg gehen, der für Ihre Kunden der richtige ist, werden Ihnen schließlich auch Experten, Presse, Kritiker und Bedenkenträger folgen. Wenn Sie den Weg gehen, der für Experten der richtige ist, handeln Sie vielleicht nicht zum Wohle Ihrer Kunden. Und wenn Sie nicht das tun, was für Ihre Kunden richtig ist, werden Sie wahrscheinlich scheitern.
- **Ignorieren Sie Titel und Äußerlichkeiten.**[138] Achten Sie auf echte Beweise, nicht auf Äußerlichkeiten, die vermeintlich auf Sachkenntnis hindeuten. Nur weil jemand einen beeindruckenden Titel (»Professor«) vorzeigen kann, teure Klamotten trägt und einen flotten Wagen fährt, heißt das noch lange nicht, daß Sie ihm zuhören sollten. Und nur weil jemand keinen Titel vorzeigen kann, Jeans trägt und in einer Schrottlaube vorfährt, heißt das ebensowenig, daß Sie ihm nicht zuhören sollten.
- **Stellen Sie Autoritäten in Frage.** Stellen Sie die Frage: »Ist diese Person wirklich eine Fachautorität?«[139] Fragen Sie sich dann: »Mit wieviel Ehrlichkeit können wir bei diesem Experten rechnen?« Die erste Frage lenkt Ihre Aufmerksamkeit auf die wirklich wichtigen Aspekte (d. h. auf das Wissen der Menschen), nicht auf die vorgenannten Äußerlichkeiten. Die zweite Frage richtet Ihre Konzentration auf die wahre und vollständige Bedeutung dessen, was ein »Experte« Ihnen erzählt.
- **Zuhören und reagieren.** Hören Sie zu und reagieren Sie dann auf konkrete Einwände von Bedenkenträ-

gern. Glauben Sie jedoch in keinem Fall, daß diese Einwände ein Scheitern Ihrer Revolution bedeuten. Gehen Sie entweder auf diese Einwände ein oder entscheiden Sie, daß sie irrelevant sind, und schreiten Sie voran – eine Revolution ist ein Prozeß, kein Einzelereignis! Der Mensch wird *niemals* fliegen können? Warum nicht?... Triebwerke können nicht genug Strom erzeugen. Tragflächen können nicht genug Gewicht tragen. Es ist unmöglich, ein Flugzeug über die Steuerung stabil zu halten. Verbessern Sie die Triebwerke, verbessern Sie die Tragflügel, verbessern Sie die Steuerung und fliegen Sie – aber akzeptieren Sie nicht die dumme Annahme, daß »Menschen niemals fliegen werden«.

- **Geben Sie die Schlacht nie verloren.** Die Schlacht ist nicht verloren, solange Sie noch einen weiteren Tag kämpfen können. Die Schlacht kann in einem anderen Unternehmen oder mit einem anderen Produkt oder Service weitergehen. Der Kampf ist erst dann wirklich verloren, wenn Sie ihn aufgeben. Auf der anderen Seite sollten Sie eine Schlacht auch niemals als gewonnen betrachten. In dem Augenblick, wo Sie sich als Sieger fühlen, planen frische Köpfe in einer kleinen Werkstatt schon die nächste Revolution, die mit Ihnen genau das macht, was Sie damals mit dem Status quo getan haben.
- **Steigern Sie den Grad der Wahrheit.** In ihrem Buch *Women's Reality – An Emerging Female System in a White Male Society* erläutert Ann Wilson Schaef das Konzept der »Wahrheitsebenen«. Das Konzept besagt, daß Menschen entlang eines Kontinuums verschiedene Ebenen des Verständnisses erreichen. Die Ebene, auf der sie sich zu einem gewissen Zeitpunkt befinden, betrachten sie als ihre »Wahrheit«. Das Problem besteht darin, daß die neuen Ebenen mit der vorherigen meist

MICROSOFT

MICROSOFT CORPORATION
10700 NORTHUP WAY
BELLEVUE, WASHINGTON 98004
206 828 8080 TLX: 328945

November 30, 1982

Mr. Guy Kawasaki
4543 Willis Avenue, #203
Sherman Oaks California 91403

Dear Mr. Kawasaki:

We appreciate your interest in Microsoft and welcomed the opportunity to review your resume.

Your background has been reviewed against our current and anticipated staffing requirements; however, we have been unable to identify a position that would effectively utilize your capabilities at this time. We will retain your resume for future consideration, up to six months, and if an appropriate opening develops, contact you regarding your interest.

Thanks again for your interest in Microsoft, and best of luck to you in your career search.

Sincerely,

Chris Grimes

Chris Grimes
Recruiter

CG:kjb

nicht übereinstimmen. Wenn Sie unter diesem Gesichtspunkt Bedenkenträger betrachten, heißt das, daß Sie diese auf die Ebene führen müssen, auf der sie die Realisierbarkeit Ihrer Revolution verstehen.

- **Beurteilen Sie sich nach Ihren Ergebnissen und andere nach ihren Absichten.** Dies hält Sie davon ab, zu hart mit anderen Menschen ins Gericht zu gehen, weil diese Ihr Anliegen nicht verstehen. Die meisten Personen beurteilen sich selbst nach ihren Absichten und andere Menschen nach den Ergebnissen. Dies führt für gewöhnlich dazu, daß sie ihre eigenen Fehler akzeptieren (weil sie gute Absichten hatten), für die Fehler der anderen jedoch kein Verständnis aufbringen (weil die Ergebnisse miserabel waren).

Ebenen der Revolution

»Machen Sie sich keine Sorgen darum, daß andere Ihnen Ihre Ideen stehlen könnten. Wenn Ihre Ideen etwas taugen, werden Sie sie den Leuten eintrichtern müssen.«
Howard Aiken

Meiner Ansicht nach lassen Einwände, Dummheit und negative Prophezeiungen darauf schließen, daß Sie auf der richtigen Spur sind. Das heißt jedoch nicht, daß Ihre Revolution zwangsläufig zum Erfolg führen muß, wenn man Ihnen ein Scheitern voraussagt.
Eines ist jedoch sicher:

Egal, was andere Leute Ihnen sagen – wenn Sie nicht versuchen, eine Revolution auszulösen, werden Sie nie erfahren, wie Ihre Revolution ausgehen könnte.

Lassen Sie sich also von nichts und niemandem kleinkriegen: Erschaffen Sie wie ein Gott, herrschen Sie wie ein König, und arbeiten Sie wie ein Sklave. Wenn Sie revolutionäres Potential besitzen, sind Sie moralisch verpflichtet, die Welt zu verbessern.
Sie werden feststellen, daß der Kampf gegen die Dummheit befriedigender ist als das Ansammeln von Titeln und äußerlicher Zier – und daß die Welt zu verbessern befriedigender ist als der Kampf gegen die Dummheit. Dann werden Sie auch die wichtigste Lektion von allen verstehen:

Die großartigste Rolle, die das Leben Ihnen schenken kann, ist die des Revolutionärs.

Lektüre für Revolutionäre

The Experts Speak – The Definite Compendium of Authoritative Misinformation, Christopher Cerf und Victor Navasky, Pantheon Books, 1984, ISBN: 0394713346

Inevitable Illusions – How Mistakes of Reason Rule Our Minds, Massimo Piattelli-Palmarini, John Wiley & Sons, 1996, ISBN: 047115962X

Literatur-verzeichnis

Die Ideen, für die ich stehe,
stammen nicht von mir.
Ich habe sie mir von Sokrates
geliehen. Ich habe sie von
Chesterfield übernommen.
Ich habe sie von Jesus geklaut.
Und ich packe sie in ein Buch.
Wenn Ihnen deren Grundsätze
nicht gefallen, welche würden
Sie verwenden?
Dale Carnegie

Aaker, David A. »Should You Take Your Brand to Where the Action Is?« *Harvard Business Review* 75, Nr. 5 (1997): 135–143.

Aaker, David A. *Managing Brand Equity – Capitalizing on the Value of a Brand Name.* New York: The Free Press, 1991. (Management des Markenwerts, Frankfurt: Campus, 1992)

Adler Jr., Bill, und Julie Houghton. *America's Stupidest Business Decisions.* New York: William Morrow, 1997.

Adler, Bill. *America's Stupidest Business Decisions: 101 Blunders, Flops, and Screw Ups.* New York: Will Morrow and Company, Inc.

Alderson, Wroe. *Marketing Behavior and Executive Action.* Homewood, Illinois: Richard D. Irwin, 1957.

Allen, Oliver E. »Kettering.« *Invention and Technology* 12 (Herbst 1996): 52–63.

Allen, Thomas John. *Managing the Flow of Technology.* Cambridge: MIT Press, 1993.

Alley, James. »The Theory That Made Microsoft«, *Fortune* (29. April 1996): 65–66.

Andersen, Arthur et al. *Best Practices: Building Your Business with Customer-Focused Solutions.* New York: Simon & Schuster, 1998.

Anterasian, Cathy, John L. Graham und R. Bruce Money. »Are U.S. Managers Superstitious about Market Share?« *Sloan Management Review* (Sommer 1996): 67–77.

Bailey, Keith, und Karen Leland. *Customer Service for Dummies.* Foster City: IDG Books Worldwide, Inc., 1995 (Kundenservice für Dummies, MITP-Verlag, 1998).

Barker, Joel Arthur. *Future Edge Paradigms: The Business of Discovering the Future.* New York: HarperBusiness, 1993.

Benjack, David J., und J. Michael MacKeen. »MTV Networks: MTV.« *New Product Success Stories: Lessons from Leading Innovators.* New York: Wiley, 1995.

Benyus, Janine M. *Biomimicry: Innovation Inspired by Nature.* New York: William Morrow, 1997.

Brandenburger, Adam M., und Barry J. Nalebuff. *Co-opetition.* New York: Doubleday, 1996 (Coopetition – kooperativ konkurrieren. Mit der Spieltheorie zum Unternehmenserfolg, Frankfurt: Campus, 1996).

Brockman, John, und Katinka Matson, Hrsg. *How Things Are:*

A Science Tool-Kit for the Mind. New York: William Morrow, 1995.

Canfield, Jack et al. *Chicken Soup for the Soul at Work: 101 Stories of Courage, Compassion, and Creativity in the Workplace.* Deerfield Beach, Florida: Health Communications, 1996 (Hühnersuppe für die Seele. Geschichten, die das Herz erwärmen, München: Goldmann, 1998).

Cerf, Christopher, und Victor Navasky, *The Expert's Speak.* New York: Pantheon Books, 1984.

Cialdini, Robert B. *Influence: The Psychology of Persuasion.* New York: William Morrow, 1984 (Überzeugen im Handumdrehen. Wie und warum sich Menschen überzeugen lassen, 2. Aufl., Landsberg: moderne industrie, 1993).

Clancy, Tom. *Into the Storm: A Study in Command.* New York: G. P. Putnam's Sons, 1997 (Im Sturm. München: Goldmann, 1996).

CNET-Personal. »Gates: Why is Windows so cheap?« 3. Oktober 1997. Web Site.

D' Aveni, Richard A. *Hypercompetitive Rivalries: Competing in Highly Dynamic Environments.* New York: Free Press, 1995 (Hyperwettbewerb. Frankfurt, Campus, 1995).

Davidow, William H. *Marketing High Technology.* New York: Collier Macmillan, 1986.

Donnelly, Kathleen. »Belly Down«. *San Jose Mercury News,* 16. März 1997, Teil *West:* 7.

Dow, Roger, und Susan Cook. *Turned On – Eight Vital Insights to Energize Your People, Customers, and Profits.* New York: HarperBusiness, 1996.

Downes, Larry, und Chunka Mui. *Unleashing the Killer App – Digital Strategies for Market Dominance.* Boston: Harvard Business School Press, 1998.

Fishman, Mark C. et al. *Medicine,* 2. Auflage. Philadelphia: J. B. Lippincott, 1985.

Flatow, Ira. *They All Laughed . . . from Lightbulbs to Lasers: The Fascinating Stories Behind the Great Inventions That Have Changed Our Lives.* New York: HarperCollins, 1992.

Freedman, David H. »The Butterfly Solution.« *Discover,* April 1997: 53.

Friedman George: *The Intelligence Edge: How to Profit in the Information Age,* New York: Crown Publishers, Inc., 1997.

Friedel, Robert. »The Accidental Inventor.« *Discover,* Oktober 1996: 58–69.

Gardner, David, und Tom Gardner. *You Have More Than You Think: The Motley Fool Guide to Investing What You Have.* New York: Simon and Schuster, 1998.

Gelbert, Doug. *So Who the Heck was Oscar Mayer?: The Real People Behind those Brand Names.* New York: Barricade Books, 1996.

Gell-Mann, Murray: *The Quark and the Jaguar – Adventures in the Simple and the Complex.* W. H. Freeman & Comp., 1994 (Das Quark und der Jaguar. München: Piper, 1998).

Gersham, Michael. *Getting It Right The Second Time: How American Ingenuity Transformed Forty-Nine Marketing Failures Into Some Of Our Most Successful Products.* Reading, Massachusetts: Addison-Wesley Publishing, 1990.

Goldsmith, Andrew. »Here's an Idea That's Not Quite Ripe.« *Fast Company,* Oktober–November 1997, 50.

Gould, Stephen Jay. »Creating the Creators.« *Discover,* Oktober 1996: 43–54.

Gubernick, Lisa. »Granny Care and Kiddie Care«, *Forbes,* 30. Dezember 1996, 74–75.

Hagel, John III; Armstrong, Artur G.: Net Gain – Expanding Markets Through Virtual Communications. Boston: Harvard Business School Press, 1997. Net Gain – Profit im Netz. Märkte erobern mit virtuellen Communities. Betriebswirtschaftlicher Verlag Gabler, Wiesbaden 1997. ISBN: 3-409-18959-9.

Hamel, Gary. »Strategy as Revolution.« *Harvard Business Review* 74, Nr. 4 (1996): 69–82.

Hendon, Donald W. *Classic Failures in Product Marketing: Marketing Principles Violations and How to Avoid Them.* New York: Quorum Books, 1992.

Henkoff, Ronald. »New Management Secrets from Japan – Really.« *Fortune,* 27. November 1995.

Huey, John. »Nothing is Impossible.« *Fortune,* 23. September 1991.

Johansson, Johny K., und Ikujiro Nonaka. *Relentless.* New York: HarperCollins Publishers, 1996.

Johnson, Clarence L. *Kelly: More Than My Share of It All.* Washington, D. C.: Smithsonian Institution Press, 1985.

Jones Jr., Malcolm. »Air Conditioning.« *Newsweek Extra 2000*, Winter 1997–98: 42–43.

Kawasaki, Guy: Selling the Dream – How to Promote Your product, company or ideas and make a difference using everyday evangelism. HarperBusiness, 1992 (Selling the Dream. Die Kunst, aus Kunden Missionare zu machen. Wien: Signum, 1997).

Kawasaki, Guy. Management à la Macintosh (Management à la Macintosh. Frankfurt/M: Campus, 1991).

Kim, W. Chan, und Renée Mauborgne. »Value Innovation: The Strategic Logic of High Growth«, *Harvard Business Review* 75, Nr. 1 (1997): 103–112.

Krass, Peter. *The Book of Business Wisdom: Classic Writings by the Legends of Commerce and Industry*. New York: John Wiley & Sons, 1997.

Kriegel, Robert J., und David Brandt. *Sacred Cows Make the Best Burgers: Developing Change*. New York: Warner Books, 1996 (Das letzte Muh der heiligen Kuh. Landsberg: mvg, 1998).

Kuhn, Thomas S. *The Structure of Scientific Revolutions*. Chicago: The University of Chicago Press, 1996 (Die Struktur wissenschaftl. Revolutionen, Frankfurt/M: Suhrkamp, 1973).

MacKay, Charles. *Extraordinary Popular Delusions and the Madness of Crowds*. New York: Crown Publishers, 1980.

McCarthy, Jim. *Dynamics of Software Development*. Redmond, Washington: Microsoft Press, 1995.

Meyer, Marc H., und Alvin P. Lehnerd. *The Power of Product Platforms*. New York: Free Press, 1997.

Moore, Geoffrey A. *Crossing the Chasm – Marketing and Selling High-Tech Products to Mainstream Customers*. HarperBusiness, 1995.

Moore, Geoffrey A. *Inside the Tornado: Marketing Strategies from Silicon Valley's Cutting Edge*. New York: HarperCollins, 1995 (Das Tornado-Phänomen. Die Erfolgsstrategien des Silicon Valley und was Sie daraus lernen können. Wiesbaden 1996. Betriebswirtschaftlicher Verlag Gabler).

Nadler, David. *Champions of the Change: How CEOs and Their Companies are Mastering the Skills of Radical Change*. San Francisco: Jossey-Bass, 1998.

Nagle, Thomas T., und Holden, Reed. K. *The Strategy and Tactics of Pricing – A Guide to profitable Decision making.* Prentice Hall, 1994, ISBN: 0136690602 (Preisstrategie. Theorie und Praxis der optimalen Preisfindung. Berlin: Springer, 1996).

Nayak, P. Ranganath, und John M. Ketteringham. *Breakthroughs!* Amsterdam: Pfeiffer, 1994.

Norman, Donald A. *The Design of Everyday Things.* New York: Basic Books, 1988.

Ohmae, Kenichi. *The Borderless World: Power and Strategy in the Interlinked Economy.* New York: HarperCollins Publishers, 1990.

Panati, Charles. *Panati's Extraordinary Origins of Everyday Things.* New York: Harper & Row, 1989 (Universalgeschichte der ganz gewöhnlichen Dinge. Aus d. Amerik. v. Udo Rennert. Reprint 1994. Eichborn, Köln. ISBN: 3-8218-444-2).

Peppers, Don, und Martha Rogers, Ph.D. *The One to One Future: Building Relationships One Customer At a Time.* New York: Doubleday, 1993 (Die 1:1 Zukunft – Strategien für industrielles Kundenmarketing. Haufe Management-Praxis. Freiburg 1994).

Peters, Tom. *Circle of Innovation: You Can't Shrink Your Way to Greatness.* New York: Alfred A. Knopf, 1997 (Der Innovationskreis. Düsseldorf: Econ, 1998).

Petroski, Henry. *To Engineer is human – The Role of Failure in Successful Design.* Vintage Books, 1992.

Petroski, Henry. *The Evolution of Useful Things.* New York: Vintage Books, 1992 (Messer, Gabel, Reißverschluß. Die Evolution der Gebrauchsgegenstände. Basel: Birkhäuser, 1994).

Piattelli-Palmarini, Massimo. *Inevitable Illusions: How Mistakes of Reason Rule Our Minds.* New York: John Wiley & Sons, 1994.

Rapp, Stan, und Thomas J. Collins. *Beyond Maximarketing: The New Power of Caring and Daring.* New York: McGraw-Hill, 1994.

Rapp, Stan, und Thomas J. Collins. *The New Maximarketing.* New York: McGraw-Hill, 1996.

Rich, Ben R., und Leo Janos, *Skunk Works.* Boston: Little, Brown, 1994.

RoAne, Susan. *The Secrets of Savvy Networking.* New York: Warner Books, 1993 (Natürlich zum Erfolg. Der smarte Weg, ein dichtes Kommunikations- und Beziehungsnetz zu knüpfen. Oesch, Zürich 1996). ISBN: 3-85833-551-7.

Robert, Michel. *Strategy Pure and Simple: How Winning CEOs Outthink Their Competition.* New York: McGraw-Hill, 1993.

Rogers, Alison. »Iacocca's Minivan.« *Fortune,* 30. Mai 1994.

Russo, J. Edward. *Decision Traps: The Ten Barriers to Brilliant Decision-making and How to Overcome Them.* New York: Fireside, 1989.

Sapolsky, Robert. »On the Role of Upholstery in Cardiovascular Physiology.« *Discover,* November 1997: 58–66.

Shapiro, Eileen C. *Fad Surfing in the Boardroom – Reclaiming the Courage to Manage in the Age of Instant Answers.* Reading, MA: Addison-Wesley Publishing Company, 1995 (Trendsurfen in den Chefetagen. München, Campus bei Heyne, 1998).

Simon, Hermann. *Hidden Champions: Lessons from 500 of the World's Best Unknown Companies.* Boston: Harvard Business School Press, 1996.

Smith, Katherine Snow. »Organ breathes new life into Fletcher Music sales.« *Tampa Bay Business Journal* 14, Nr. 23 (1994): 3.

Tedlow, Richard S. *New and Improved: The Story of Mass Marketing in America.* New York: Basic Books, 1990.

The Quotation Company. *The Manager's Book of Quotations.* New York: American Management Association, 1989.

Thomas, Bob. *Walt Disney: An American Original.* New York: Hyperion, 1994.

Trimble, Vance. *Overnight Success: Federal Express and Frederick Smith, Its Renegade Creator.* New York: Crown Publishers, Inc., 1993.

Tuchman, Barbara W. *The March of Folly: From Troy to Vietnam.* New York: Ballantine Books, 1984 (Die Torheit der Regierenden. Von Troja bis Vietnam. Frankfurt/M: Fischer, 1995).

Utterback, James M. *Mastering the Dynamics of Innovation: How Companies Can Seize Opportunities in the Face of Technological Change.* Cambridge: Harvard Business School Press, 1994.

Whiteley, Richard, und Diane Hessan. *Customer Centered*

Growth: Five Proven Strategies for Building Competitive Advantage. Reading, Massachusetts: Addison-Wesley, 1996 (Wachstumsmotor Kunde. Landsberg: mi, 1996).

Wujec, Tom. *Five Star Mind.* New York: Doubleday, 1995.

Yurko, Chris, »Wrecked Car? Call a Van«, *Daily Hampshire Gazette,* 6. November 1996, 15.

Anmerkungen

Nun lasset die Schwachen sagen: »Ich bin stark!«

1 Ich danke Holly Camerota für die lateinische Übersetzung von »Think Different«.

2 Ich danke Adam J. Bezark für dieses Beispiel.

3 Wroe Alderson, *Marketing Behavior and Executive Action* (Homewood, Illinois: Richard D. Irwin, 1957), 388–389.

4 Ronald Henkoff, »New Management Secrets from Japan – Really«, *Fortune*, 27. November 1995, 135.

5 Massimo Piattelli-Palmarini, *Inevitable Illusions: How Mistakes of Reason Rule our Minds* (New York: John Wiley & Sons, 1994), 57.

6 Alderson, *Marketing Behavior*, 390.

7 Gary Hamel, »Strategy as Revolution«, *Harvard Business Review* 74, Nr. 4 (1996): 72.

8 René Descartes, *Discourse on Method, Optics, Geometry, and Meteorology* (Indianapolis: Boss-Merrill, 1965), zitiert in *Marketing Behavior* von Wroe Alderson, 387.

9 Wilbur Wright (Präsentation vor der Western Society of Engineers, Dayton, Ohio, 18. September 1901).

10 Ich danke Dan Smith für dieses Beispiel.

11 David H. Freedman, »The Butterfly Solution«, *Discover*, April 1997, 53.

12 Ich danke Tony Jacobs für dieses Konzept.

13 Tom Wujec, *Five Star Mind* (New York: Doubleday, 1995), 71.

14 Chris Yurko, »Wrecked Car? Call a Van«, *Daily Hampshire Gazette*, 6. November 1996.

15 Ich bedanke mich bei Ken Tidwell, Leon Mayeri und Peter Jensen, die mir unabhängig voneinander dieses Beispiel vorgeschlagen haben.

16 Ich danke Timothy Knox für dieses Beispiel.

17 Ich danke Rich Gay für dieses Beispiel.

18 W. Chan Kim und Renée Mauborgne, »Value Innovation: The Strategic Logic of High Growth«, *Harvard Business Review* 75, Nr. 1 (1997): 107.

19 Stan Rapp und Thomas Collins, *Beyond Maximarketing: The new Power of Caring and Daring* (New York: McGraw-Hill, 1994), 38.

20 Joel Arthur Barker, *Future Edge Paradigms: The Business of Discovering the Future* (New York: HarperBusiness, 1993), Seite 61.

21 Robert Friedel, »The Accidental Inventor«, *Discover,* Oktober 1996.

22 Stephen Jay Gould, »Creating the Creators«, *Discover,* Oktober 1996, 44–45.

23 Ich danke Bill Cawthon für dieses Beispiel.

24 Ich danke Ken Tidwell für dieses Beispiel.

25 Jim McCarthy, *Dynamics of Software Development* (Redmond, Washington: Microsoft Press, 1995), 55.

26 Der englische Begriff »evangineer« wurde von Brad Hutchings geprägt.

27 Marc H. Meyer und Alvin P. Lehnerd, *The Power of Product Platforms* (New York: Free Press, 1997), 130.

28 Barbara Martinez, »Inside Job«, *Wall Street Journal,* 21. Mai 1998, R23.

29 Thomas J. Allen, *Managing the Flow of Technology* (Cambridge: MIT Press, 1993), 236–240.

30 Henry Petroski, *The Evolution of Useful Things* (New York: Vintage Books, 1992), 22.

31 John Huey, »Nothing is Impossible«, *Fortune,* 23. September 1991, 134.

32 Alison Rogers, »Iacocca's Minivan«, *Fortune,* 30. Mai 1994, 56.

33 Ebd., 56.

34 Bob Thomas, *Walt Disney: An American Original* (New York: Hyperion, 1994), 11.

35 Charles Panati, *Panati's Extraordinary Origins of Everyday Things* (New York: Harper & Row, 1989), 103.

36 Paul C. Judge und Stephen Baker, *»Were Jim Manzi's Big Ideas Too Big?«, Business Week,* 26. Mai 1997.

37 Richard S. Tedlow, *New and Improved: The Story of Mass Marketing in America* (New York: Basic Books, 1990), 262–263.

38 Daniel A. Wren und Ronald G. Greenwood, *Management Innovators: The People and Ideas that Have Shaped Modern Business* (New York: Oxford University Press, 1998), 59.

39 Justin Martin, »Ignore Your Customer: At Least That's What Some Smart Companies Like...«, *Fortune,* 1. Mai 1995, 121.

40 Eileen C. Shapiro, *Fad Surfing in the Boardroom* (Reading, Massachusetts: Addison Wesley Publishing, 1996), 129.

41 Ebd., 129.

42 Oliver E. Allen, »Kettering«, *Invention and Technology* 12 (Herbst 1996), 55.

43 Robert J. Kriegel und David Brandt, *Sacred Cows Make the Best Burgers: Developing Change* (New York: Warner Books, 1996), 38.

44 Christopher Cerf und Victor Navasky, *The Expert's Speak* (New York: Pantheon Books, 1984), 171.

45 Ich danke Dr. Thomas McMinn für dieses Beispiel.

46 Mark C. Fishman et. al., *Medicine,* 2. Auflage (Philadelphia: J. B. Lippincott, 1985), 9.

47 Kenichi Ohmae, *The Borderless World: Management Lessons in The New Logic of the Global Marketplace* (New York: Harper Perennial, 1991), 33.

48 Ich danke Glenn Grafton für dieses Beispiel.

49 Ira Magaziner und Mark Patinkin, aus einem Nachdruck in *The Silent War: Inside the Global Business Battles Shaping America's Future* (New York: Random House, 1989), S. 23–24 des Nachdrucks.

50 Ich danke Charles Schrey für dieses Beispiel.

51 Ich danke Brad Hutchings für dieses Beispiel.

52 Ich danke Gary W. Henning für dieses wunderbare Zitat.

53 Ich danke Holly Anderson Camerota für dieses wunderbare Zitat.

54 Ich danke Peter Jensen für dieses Konzept.

55 Vielen Dank an Adam J. Bezark für dieses Beispiel.

56 David J. Benjack und J. Michael MacKeen, »MTV Networks: MTV«, in *New Product Success Stories: Lessons from Leading L'Innovators* (New York: Wiley, 1995), 288.

57 Aus der Porsche Web Site unter <http://www.porsche.com/Creating.html>.

58 Clarence L. Johnson, *Kelly: More Than My Share of It All* (Washington D.C.: Smithsonian Institution Press, 1985), 28.

59 Ich danke Roger M. Poor für dieses Beispiel.

60 Ich danke Bret A. Fausett für dieses Beispiel.

61 Hermann Simon, *Hidden Champions: Lessons from 500 of the World's Best Unknown Companies* (Boston: Harvard Business School Press, 1996), 115.

62 Ich danke Patrick Berry für dieses Beispiel.

63 Gould, »Creating the Creators«, 52.
64 Ich danke Fred Weber für dieses Beispiel.
65 Michael Gersham, *Getting It Right the Second Time: How American Ingenuity Transformed Forty-Nine Marketing Failures into Some of Our Most Successful Products* (Reading, Massachusetts: Addison-Wesley Publishing, 1990), 238.
66 Jagdish N. Sheth, *Winning Back Your Market: The Inside Stories of the Companies That Did It* (New York: John Wiley & Sons, 1985), 129.
67 Jack Canfield et. al., *Chicken Soup for the Soul at Work: 101 Stories of Courage, Compassion, and Creativity in the Workplace* (Deerfield Beach, Florida: Health Communications, 1996), 134.
68 http://www.chasmgroup.com:80/library.html.
69 William Tivenan, »Encyclopedia of Consumer Brands: WE-40«, S. 574.
70 Richard Whiteley und Diane Hessan, *Customer Centered Growth: Five Proven Strategies for Building Competitive Advantage* (Reading, Massachusetts: Addison-Wesley Publishing, 1996), 19.
71 Katherine Snow Smith, »Organ breathes new life into Fletcher Music sales«, *Tampa Bay Business Journal* 14, Nr. 23 (1994): 3.
72 »Gates: Why is Windows so cheap?« CNET-Personal, 3. Oktober 1997, 18.55 (Pazifische Zeit).
73 James H. Gilmore und B. Joseph Pine II, »The Four Faces of Mass Customization«, *Harvard Business Review*, 75, Nr. 1 (1997), 92.
74 James M. Utterback, *Mastering the Dynamics of Innovation* (Boston: Harvard Business School Press, 1994), 61.
75 Ebd., 66.
76 Ich danke Dave Towle für dieses Beispiel.
77 Geoffrey Moore (Präsentation auf *Managing Change* im Wexner Center for the Arts, Ohio State University, November 1996).
78 Ich danke Charles Schrey für dieses Konzept.
79 Ich danke John Brown für dieses Beispiel.
80 Panati, *Panati's*, 163–164.
81 Ebd., 102.
82 Ebd., 206–207.

83 Gersham, *Getting It Right*, 238.
84 Johannes 20:29.
85 Ich danke Jim Jones für seine Unterstützung bei diesem Abschnitt.
86 Andrew Goldsmith, »Here's an Idea That's Not Quite Ripe«, *Fast Company*, Oktober-November 1997, 50.
87 David A. Aaker, *Managing Brand Equity – Capitalizing on the Value of a Brand Name* (New York: The Free Press, 1991), 225.
88 Ich danke Gary W. Henning für dieses Beispiel.
89 Robert B. Cialdini, *Influence: The Psychology of Persuasion* (New York: William Morrow, 1984), 60–61.
90 Cialdini, *Influence*, 61–62.
91 Der englische Begriff »hunting licence« (Jagdschein) wurde von Al Ries geprägt.
92 David A. Aaker, *Managing Brand Equity – Capitalizing on the Value of a Brand Name* (New York: The Free Press, 1991), 225.
93 Bill Adler, Jr. und Julie Houghton, *America's Stupidest Business Decisions* (New York: William Morrow, 1997), 54–55.
94 Ebd., 61–62.
95 Donald W. Hendon, *Classic Failures in Product Marketing: Marketing Principles Violations and How to Avoid Them* (New York: Quorum Books, 1992), 111.
96 Ich danke Patrick M. Gerrity für dieses Beispiel.
97 Cathy Anterasian, John L. Graham und R. Bruce Money, »Are U.S. Managers Superstitious about Market Share«, *Sloan Management Review* (Sommer 1996), 68.
98 James Alley, »The Theory That Made Microsoft«, *Fortune*, 29. April 1996, 66.
99 Barbara Tuchman, *The March of Folly: From Troy to Vietnam* (New York: Ballantine Books, 1984), 5.
100 Ebd., 7.
101 Robert Sapolsky, »On the Role of Upholstery in Cardiovascular Physiology«, *Discover*, November 1997, 58–59, 62,66.
102 Johny K. Johansson und Ikujiro Nonaka, *Relentless: The Japanese Way of Marketing* (New York: HarperCollins, 1996), 5.

103 Ebd., 41.
104 Johnson, *More,* 107–108.
105 Ich danke Bill Meade für dieses Beispiel.
106 Ich danke Brad Hutchings für dieses Beispiel.
107 Deschamps und Nayak, »Product Juggernauts«, 80.
108 Don Peppers und Martha Rogers, Ph.D., *The One to One Future: Building Relationships One Customer at a Time* (New York: Doubleday, 1993), 100.
109 Cerf und Navasky, *The Experts Speak,* 231.
110 Ich danke Dr. Dale S. Rogers für dieses Beispiel.
111 Ben R. Rich und Leo Janos, *Skunk Works* (Boston: Little, Brown, 1994), 138.
112 Angeregt durch George Friedman et. al., *The Intelligence Edge: How to Profit in the Information Age* (New York: Crown Publishers, 1997), 148–149.
113 Allen, *Managing the Flow,* 43.
114 Ebd., 126–127.
115 Ebd., 145–148.
116 Ich danke Rob Bair für dieses Beispiel.
117 Ich danke Leon Langan für dieses Beispiel.
118 Larry Downes und Chunka Mui, *Unleashing the Killer App – Digital Strategies for Market Dominance* (Boston: Harvard Business School Press, 1998), 205.
119 Alessandra Bianchi, »Hands On CEO's Notebook«, *Inc.,* März 1998, 98.
120 Ich danke Ross Lambert dafür, daß er mir von seinen Erfahrungen als Lehrer in Alaska berichtet hat.
121 Arthur Andersen et al., *Best Practices: Building Your Business with Customer-Focused Solutions* (New York: Simon & Schuster, 1998), 72.
122 Ebd., 186.
123 Ich danke Adam J. Bezark für diesen großartigen Beitrag.
124 Ich danke Nicholas Bernstein für diese tolle Geschichte.
125 Ein Online-Interview mit John Hagel III und Arthur G. Armstrong unter <http://www.hbsp.harvard.edu/frames/groups/press/index.html>
126 Ich danke Christine Tripunitara dafür, daß sie mir diese haarsträubende Geschichte erzählt hat.
127 Tom Peters, *Circle of Innovation: You Can't Shrink Your Way to Greatness* (New York: Alfred A. Knopf, 1997), 127.

128 Ich danke Dave Bosshard für dieses Beispiel.
129 Ich danke Sean O'Shaughnessey für dieses Beispiel.
130 Brandenburger und Nalebuff, *Co-opetition*, 61.
131 Lisa Gubernick, »Granny Care and Kiddie Care«, *Forbes*, 30 Dezember 1996, 74–75. http://www.forbes.com/forbes/123096/5815074a.htm
132 Kathleen Donnelly, »Belly Down«, *San Jose Mercury News*, 16. März 1997, Teil *West*, S. 7. Ich danke Larry Rosenstein für dieses Beispiel.
133 Ebd.
134 Ich danke Mike Doell für dieses Beispiel.
135 Ich danke Paul Willemse für dieses Beispiel.
136 Malcolm Jones Jr., »Air Conditioning«, *Newsweek Extra*, Winter 1998–98, 42–43.
137 Vance Trimble, *Overnight Success: Federal Express and Frederick Smith, Its Renegade Creator* (New York: Crown Publishers, Inc., 1993), 80.
138 Cialdini, *Influence*, 222.
139 Ebd., 230–232.

Personen- und Sachregister

Wer ein Quellenverzeichnis erstellt, muß dafür Sorge tragen, daß alle in dem Buch enthaltenen relevanten Aussagen so aufgeführt werden, daß der Leser die gesuchten Informationen ohne Schwierigkeiten finden kann.
The Chicago Manual of Style